僕のお腹で、
泣けばいい

純烈 Junretsu 人生相談室

酒井一圭
純烈リーダー

中央公論新社

酒井一圭

Kazuyoshi Sakai

人生、誰もが崖っぷち。
悩みなんて蹴っ飛ばせ！
それでも泣きたいときは、僕の胸で……
いや、僕のふかふかのお腹で
泣いてください。

メンバーの相談も
受けてみました（笑）

さかい・かずよし
1975年6月20日生まれ。大阪府出身。身長186cm。純烈のリーダー、コーラス。1985年『逆転あばれはっちゃく』でデビュー。2001年『百獣戦隊ガオレンジャー』に出演。2007年純烈を結成。10年メジャーデビューした。

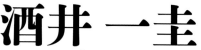

小田井 涼平

Ryohei Odai

おだい・りょうへい
1971年2月23日生まれ。兵庫県出身。身長188cm。2002年、『仮面ライダー龍騎』で俳優デビュー。10年、歌謡グループ「純烈」のメンバー。

Q 酒井家の家計のやりくりを教えてください

A LiLiCoさんは、いまに爆発します

小田井さんが配信ライブのステージから、LiLiCoさんに生電話した時の話です。まず「音、外れてるよ」って痛烈なジャブが。その次に「今月、いつ生活費入れてくれるの?」と。いや、面白すぎます。ごまかしてないでちゃんと生活費入れましょう。

小田井さんはビビるくらい空気が読めない。そのくせ本人は、空気が読めると思い込んでいる。そのギャップが可愛さに見えているうちは大丈夫ですが、蓄積したときに大爆発します。LiLiCoさんの爆発が楽しみです(笑)。

白川裕二郎
Yujiro Shirakawa

Q どうやったら子どもができるか教えてください

A 私に嫁を差し出してください（笑）

私の子種には生命力があります。以前から何度となく、白川さんにはお伝えしているんですけど、もう説明するまでもなく、ひとまず私に嫁を差し出せばいいんじゃないかと（笑）。

私は、４人という実績が示す通り、作るのは得意なほうだと思うんですよ。もう、お宅だってここまで来たら、誰の子だって一緒じゃないか！　俺の子とかそういうことではなく、種が俺のもの、というだけの話でね。人には得意不得意があるのだから、支え支えられの人生でいいのではないでしょうか。

しらかわ・ゆうじろう
1976年12月11日生まれ。神奈川県出身。身長185㎝。純烈のリードボーカル。1995年初土俵、翌年引退。大相撲時代の四股名は綱ノ富士。2002年『忍風戦隊ハリケンジャー』で俳優デビュー。07年に純烈に加入。

Q どうしたら結婚できますか

A お前っ。結婚したいなんて思ってないだろ！

後上は、結婚ってどんなものだろうという興味は持っている。でもそれは、外国の人がお醤油とかお寿司に興味をもったり、「ヤマトダマシイッテ、ナニデスカ？」と聞くような気持ちなんです。興味本位のポジショントークとでも申しましょうか……。そもそも、本音では結婚したいなんていう気持ちは1ミリもないくせに、このコーナーのために聞いてるだけ。サイテーだ、コイツは（笑）。いつも相談に真面目に答えているのは俺で、不真面目に聞いてるのが後上です。

後上 翔太

Shota Gogami

ごがみ・しょうた
1986年10月23日生まれ。東京都出身。身長179cm。東京理科大学在学中に純烈のメンバーに。

純烈　人生相談室

僕のお腹で、泣けばいい

まえがき　人生、誰もが崖っぷち

皆さん、こんにちは。「純烈」のリーダー、酒井一圭です。この本は、『婦人公論』で連載している「脱衣所からこんにちは」というコーナー宛に送られてきた読者のお悩みにわたくし酒井がお答えしたのをまとめたものです。

僕は昔から「悩み相談」が大好きでした。悩み相談が好きというより、人のお悩みを聞くのが好きだった。世の中の人がどんなことに悩んでいるのか、子どもの頃からとても興味があったんです。そんな僕のもとには幼稚園の頃から、いろいろな人がさまざまな悩みを抱えてやって来ました。病気や家族関係などの深刻な悩みもあれば、「カレとの初デート。何色の下着着ていったらいいかな～？」（30代後半女）みたいな「そんなん、どうでもええねん！」と叫びたくなるような悩み（けど、本人にとっては生きるか死ぬかの究極の選択）まで。気が付けば、悩める人々の相談に回答している毎日です。いやはや、世界はお悩みであふれている！

わたくしが立派な人間だから皆さんが相談に来るのでしょうか。今の酒井につく冠言葉は「紅白に三度目の出場を果たした」とか「秋には主演映画が公開される」とか順風満帆の成功者のような、それはそれは輝かしいもの。あるいは「この少子化時代、苦しい下積みにも負けず四人の子どもを育てている父親」みたいな見方をしてくださる方までいます。でも現実のオレは、そんな立派な、立志伝中のオトコじゃなくて、むしろ真逆です。オレは自分の直感が命じるまま、おのれの欲望のままに、ここまで生きてきました。長年にわたり人生の大半を競馬に費やし借金を膨らませ、それなのに女遊びもナンパもやめない（現在形か？）「クズ」のようなオトコだったのです。

オレの芸能活動は10歳の時、ドラマ「逆転あばれはっちゃく」に主演したところからスタートしました。テレビに出たくて、大阪のおじいちゃんに頼み込み、月謝が一番安い児童劇団に入団。各種オーディションで50連敗くらいした後に勝ち取った「子役の頂点」の地位でしたが、ドラマは半年ほどで終了します。

学校に戻ったオレは家族の引っ越しで千葉に住まいを移しました。千葉の自宅近くにあったのが、よりにもよって競馬学校と牧場。そのうえ友達のお父さんが競馬場に連れて行ってくれまして。酒井青年は一気に競馬にのめりこみました。

重ねに重ねた借金の額が（全部競馬でこしらえました）二十代前半で実に400万円台です。役者をやってはいたものの、そんなに仕事があるわけじゃない。そのうえ、あるデカいレースを大外しし、どうしたらいいかわからないくらい負けた。それはもう、翌日から生活ができないくらいの災害レベル。「ヤバい！　このままじゃヤバい！」というところまで追い込まれ、気合を入れて臨んだのが「百獣戦隊ガオレンジャー」のオーディションでした。これに拾っていただき、ガオブラック・牛込草太郎として「地球」を守ることに。1年間、安定した仕事と収入、そして一生の仲間たちに恵まれました。借金返済も進み、ガオが終盤に近付いた頃、プ●ミスのカードをベシっと折ってゴミ箱に捨てたことは今でも忘れられません。（笑）

しかし、ガオ後の酒井一圭はイケメンヒーローブームの上昇気流に乗り損ね、低空飛行を続けます。揚げ句、自主制作映画の撮影中に右足首を複雑骨折し、役者の道を断念せざるを得ないところまで追い込まれました。その時、夢に現れた「前川清さんのお導き」によって純烈結成を思い立ち、あの頃同じようにくすぶっていたヒーロー仲間に声をかけて今度はムード歌謡の世界へと羽ばたきました、というあたりの話は本書の中でも語っていますので、じっくりお読みいただきたい。その後、年収がメンバー全員合わせて10万円余り、という楽しくもキツい、そして長い下積み生活を経て、ようやく2018年に紅白初出場を果たした、というのがわたくしの半生になります。

山あり谷ありというより、山↓↓谷底↓谷底↓谷底↓ちょっと山↓再び谷底――というような人生を送ってきたわけです。ま、オレは楽しかったんだけど（笑）。

おそらくそんな波瀾《はらん》万丈の波ばかりかぶっているような酒井には悩み相談がしやすかったんじゃないでしょうか。純烈が今のような人気を獲得するまでのわたくしには相談に乗る時間だけは、たっぷりありましたし。そもそも、純烈自体がメンバーの悩み相談に乗る中から生まれたようなものです。

今、この本を手に取ったあなた。もしかしたら「悩みなんてないわ」とか「自分には関係ない」とか思っていらっしゃるかもしれません。でも、今悩んでいる方はもちろん、「無関係」と思っている方にこそ、この本を読んでいただきたい。くだらないと笑い飛ばすもよし、自分の幸運を再確認してホッとするもよし、あるいは「マダムはこんなことを悩んでいるのか」と興味津々になるもよし。

でもさ、**今の世の中、誰もが崖っぷちだよ。いつ、足場が崩れて崖の下に転がり落ちるかわかりません。みんなそれぞれの理由で息苦しさを抱えてます。**そんな時、本棚のすみで埃《ほこり》をかぶっているこの本を思い出してほしい。きっと何か、あなたの人生のお役に立つはずなんですよ。お悩み版『家庭の医学』みたいなもんです。

前置きはこのくらいにして、それでは、淑女のお悩みと酒井のガチンコ勝負、お愉しみください。苦しい時には、僕の胸で、いや、ふかふかのお腹で泣いてください。(笑)

純烈　人生相談室　僕のお腹で、泣けばいい　目次

第一章　夫のこと、オトコのこと……15

第二章　上司とか友だちとか。人間関係ってややこしいです

第三章　独りとか、落ち込んだときとか……105

第四章　病気とかダイエットとか……135

第五章　母とか、子どもとか、家族とか……173

第六章　皆様あっての純烈です！……217

構　成　鈴木美潮
ＤＴＰ　ハンズ・ミケ
カバー・扉写真　木村直軌
装　幀　國枝達也

第一章

夫のこと、オトコのこと

Q

夫婦円満の秘訣は？

夫婦円満の秘訣を教えてください。

47歳・看護師

A

愛はマグマ。人間は迂闊に愛に触ってはいけない

◉見つめ合わず、たまに向き合う

お互いに共犯関係にあるということに尽きるんじゃないでしょうか。

男女は夫婦になることで、時に奪い合い傷つけ合いもする恋人関係から、一緒に何かを成し遂げる同志のような関係に変わっていくものです。全く他人だった人なのに、同じ苗字になって一緒に暮らすうちに、髪型や体形がどこかしら似てきたり、同じような眼鏡をかけたりするようになってくる。「好き」なんて感覚を飛び越えて自分の一部になる、外付けのハードディスクだった人が、自分の中に入ってくるような感じです。

あなたは円満っていうけど、この「満」にこだわると危ないんですよ。常に「満タン」じゃないといけないのか、という話になってくるから。

常に100％、全力で相手と向き合うような関係ではなく、本当にちょっとした些細《ささい》なことをクスクス笑いあったりするのが大事なんです。普段はお互い全く別の方向を見ていながら、たま〜に正面から向き合う、というくらいのゆる〜い関係がいいんじゃないでしょうか。クモの糸くらいの細さ、よくは見えないけど光に反射したらキラッとなるくらいの薄い縁、そんなつながりで十分だと思いますよ。そもそも、よほどの異性じゃないと、そんな関係になんてならないんだから。

◉愛はマグマ。触った瞬間に焼き尽くされます

もう一つの秘訣は、相手も自分も認知しすぎないこと。時にはとぼける。向き合い過ぎない。自分のチャンネルを切り替えるためのふわーっとした時間を作る。酒を飲むのもいいでしょうね。俺の場合は酒が飲めないから、寝ます（笑）。煮詰まったな、と思うと本当に寝られるんですよ。そして寝て起きたら「テレレテッテテッテテーン♪」と局面が変わっています。

つまり、あんまりお互いを突き詰めて真剣に考え過ぎちゃダメなんですよ。本当にあなたが「夫婦円満」を目指すなら、そのコツは「愛し過ぎないこと」、これに尽きると思う。愛という大きなものは巨大な岩のようにそこらへんに置いておく。そのうえで相手とは「好き」くらいのニュアンスでつきあう。「好き」なら反対語は「嫌いだよ、おまえなんか」くらいで軽いでしょ。これが「愛している」になっちゃうと、反対語は「お前のことなど愛していない」で最悪のドロドロ。

人間は愛を迂闊《うかつ》に触っちゃダメなんです。愛はマグマだから。触った瞬間に焼き尽くさ

れます。この感覚が男にはなかなか伝わらない。今、僕は「女子語」で話しています。

Q

夫に「近親相姦みたいでデキない」と言われて10年。このまま枯れていくのが寂しい

50歳・自営業

私は19歳の時に初めてお付き合いした同級生と、26歳の時に結婚しました。子どもはいません。不妊治療もしましたが、いろいろと問題があって断念しました。

夫婦仲はわりといいと自分では思ったのですが、あるとき夫から「近親相姦みたいでセックスできない」と言われ、それから夫婦生活がありません。あれから10年近く――。このまま枯れていくのかと思うと、寂しさを感じます。アドバイスをお願いします。

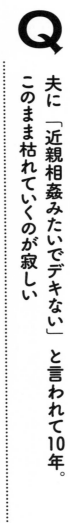

A

一緒に母校に行ってムラムラしてみては？

◉自宅のベッドではない

10年近く、やってないのか。しかも「近親相姦みたい」と言われた、と。確かに長いこと一緒にいると、きょうだいとか同志みたいな関係性になってくるんだよね。俺も15歳の時からガオレンジャーになるまで、幼なじみの彼女と付き合っていた。もし、あの彼女と結婚していたらそういう感覚になったかもしれない、というのはちょっとわかるな。ただ、俺の場合はそう感じるだけで「だからエッチできない」とはならないんですけどね（笑）。

とにかく、今の状況に風穴をあけないと変わらないよね。旦那に夜這《よば》いをかけるのもいいし、旅行に行ってみるとか、シチュエーションを変えてみないとこの閉塞《へいそく》状況は破れない。

そうだ！　母校に一緒に行ってみるというのはいかがでしょうか。校庭に行ったら急にムラムラしてくるとかあるかもしれないよ。野球場とか鉄棒とか、それとも二人で行った河原なのか、何がきっかけになるのかはわからない。でも、それが今の自宅のベッドでないことだけは確かだよ。

◉ヒョウ柄、スケスケ、セクシーランジェリーは玉砕アイテム

気を付けていただきたいのは女性誌を鵜呑《うの》みにして、ヒョウ柄とか黒のスケスケとかのセクシーランジェリーを着ける、というやつ。学校の成績が良くて本もいっぱい読んでる「頭でっかちな女子」が陥りがちなとても危ない玉砕パターンです。そうじゃないんです（笑）。そういう変化じゃないんです。段階があるんですよ。わかりますか？　そんなの着られてもオトコ側としては「勝手にやんなよ」って思うんですよ。

オトコの子って簡単に誘えるんだけど、そう簡単な生き物じゃないわけ。女にはわかりづらい部分を持っていて、いろいろなパターンの男と遊んできた女は、そのあたりをなんとなく理解できている。だから男を手のひらで転がして育てていくことができるんだけど、

この人は19歳で初めて付き合ったのが今の夫というから、男性経験が一人とか二人だよね。そういう育成能力はたぶんない。そこで突然スケスケを着て横たわるような暴挙に出たら、間違いなく旦那は静かに引いていくよ。

いや、俺ならうれしいよ。ていうか、俺ならまず相手に謝るね。「俺、そこまでお前を追い詰めていたのか、すまん」って。(笑)

「変態度」を上げてみるというのも有効な手段かもしれません。大なり小なり、どんな男女でも何年かに一度はこういうことが起こると思う。いわゆる倦怠期というやつです。

純烈ファンで地方のコンサートまで来てくれる年配の仲良し夫婦さんたちに、俺よく「今でもやってる?」と聞くんですよ。「やってる」と答える方の場合、さらに問いを重ねるとたいがい「昔よりチョー変態になってる」って打ち明けてくる。同じことやっていると飽きるから、「内容」がどんどん変態になっていくのだそうです。

ダンナさんも、あなたが彼女や妻じゃなく、もう「家族」という位置づけになっちゃっていて、ぎこちない気持ちを抱えているんだと思います。今さら「SMやりたい」とか、たとえ思っていても言い出せない雰囲気がある。

ダンナさんにあなたの正直な胸の内を伝えて、逆にダンナの胸の内もじっくり聞いてあげてください。10年レスだった分、再びのエッチはこれまでとは全く違う、格別の気分が味わえるはずですよ。きっと新しいステージが開けるから、まずは一歩を踏み出してください。

Q

結婚30年で家庭内別居です。会話もエッチもありません

55歳

旦那とは結婚30年ですが、10年以上家庭内別居で、会話なし、エッチなし。だからもちろん、純烈のことも内緒にしています。コンサートに行くうちに、すっかりリーダーにはまってしまいました。リーダーの愛人になりたいよ〜。

A

わたしの場合「穴の切れ目は縁の切れ目」

◉本当に10年間もエッチしてないの？

愛人、承りました。写真週刊誌にばれない程度にお願いします。(笑)

しかし、本当に10年間もエッチしてないのかね？　一緒に住んでるんだよね？　俺、こういうのはホントにわからない。私の場合、「穴の切れ目は縁の切れ目」ですから(笑)。ヨメには「やらなくなったら離婚だよ」ってずっと言ってる。活字にすると俺のヒドさが際立つけど、結婚する時にヨメに本当に言った唯一の要求です。

いかにヨメを抱き続けられるかというのは俺にとって人生の大命題で、そのための工夫は厭《いと》いません。たとえば出産にも立ち会わなかった。もし奥さんが産んでる姿を見てしまったら、アソコを「産むためのパーツ」と思ってしまうんじゃないか。奥さんへの性的な妄想が自分の中で消えてしまいそうで怖かったんです。男は多かれ少なかれみんなそうだと思うけど、女性に対して妄想があるんです。その妄想が、出産という現実で埋められて相手のことを「お母さん」と思っちゃうと、たたなくなりそうな予感がしたんです。

だから4人も子どもがいるのに、一回も出産に立ち会っていません。病院には行ったよ。長男の時は逆子だったからお義母さんと交代で三十何時間ずっと嫁の腰をさすっていた。で、分娩室に入る時に看護師さんに「お父さん、産まれますよ」って声をかけられた瞬間に「行かない、行かない。まだまだ次も作りたいから！」って（笑）。奥さんもわかってくれているから、何も言わなかったけどね。

仕事の現場で「きょうはヨメ抱いてきたんですわ」って言う。周りからは冗談だと思われているみたいだけど、ガチです。子どもが学校に行くのを見届けてから、とか、探せばスキはあります（笑）。ちゃんとやることはやっております。

◉やれなくなったら記者会見開きます（笑）

そのくらい俺にとって「やる」ということは生きていく上での大切な行為なんです。俺は、もしヨメとやれなくなったら、自分はこの世界でやっていけないんじゃないか、くらいに考えているんだよね。そんな俺には家庭内別居というのは、今の世の中で一番わからない生活パターンで、逆に興味はすごくある。

会話もないんでしょ？　一緒に住んでる意味ねえじゃん。経済的なこと？　きょうだいみたいになってるの？　俺だったら、国からありとあらゆる特典をつけられたとしても、無理だね。やらないやつとは、一緒に住めない。

スーパー銭湯の薬湯風呂で、俺より年上のオヤジたちに「俺、まだモリモリやりたいんだけど」って話をすると「にいちゃん、気持ちが大丈夫なのに、そのうちマジでたたなくなるからね」って忠告されるんだよね。そんな日が来るのか、それがいつなのか、今は想像もできないけれど、俺は本当にやれなくなったら、記者会見開きます（笑）。で、「きょうからはコレです」って精力剤のＣＭをやります。生涯現役がモットーの酒井です。

Q

優柔不断なダンナが転職すると言い出した！

47歳・医療職

今年50歳になるダンナのことです。お付き合いしている頃から、優柔不断で決断力がなく、決めた後もくよくよ悩む性格でした。なので、多くのことは私が決めて、ダンナはそれに従うというスタイルでこれまでやってきました。

ところが、そのダンナが、最近になって「今の会社を辞めて他の会社に移りたい」と言い出したのです。数少ない友人の一人が経営している同業の会社なのですが、経営状態はお世辞にも良いとは言えません。「給料は今より10万くらい減るけど、50歳の今がラストチャンスと思うから」とダンナは本気モードです。確かに、転職するなら体力も気力もある今が勝負の時かもしれません。現在の会社での立場的なストレスに疲れてきた様子もあります。

しかし、もし仕事がうまくいかなかった時に、ダンナと友人の関係が壊れてしまわないか。収入が減ることに関して、私もダンナを激しく責めてしまいそうで……。決断しようとしているダンナの背中を押していいものか、悩んでいます。

A

二人で一緒に目標を決めておくこと、かな

◉2人の目標を見極めて。最終的にそこに行ける道かどうか

最近僕は、世の中、すべての人が逃げ回ったほうが経済が回るんじゃないかって思うんです。今までの世界は「石にかじりついてでも」「粘れ」「頑張れ」「歯を食いしばれ」「諦

める な」で回ってきました。でも、もう限界が来ていると思うんですよ。それなら、一度すべてを逆回転させて、世界中みんな、日本国民全員がイヤなことから逃げに逃げて、職を転々としてアルバイトをする、みたいなことをやってみたら案外まったく違う景色が見えてくるんじゃないのかな、と。

それはさておき、この決断は確かに悩ましいです。新しい会社でやってみないことには、うまくいくかどうか、本当のところがわからないから。だけど、逆に言うなら、今の会社にしがみついて頑張っていれば良くなるとも限らない。

結局、お二人が最終的にどうなりたいのかってことなんですよ。今の会社を続けようが、友人の会社に行こうが、給料が10万減ろうが、設定した二人の目標に最終的にたどり着くことが大事であって、名古屋に着きさえすれば東名でも新東名でも新幹線でもいいじゃんって話です。目的地を目指せるなら、収入が減ろうが友人関係がなくなろうが、いいじゃないか。

都合のいい妄想はやめて、常に現実に立ち向かう。その思いで二人が一致して最終ゴールを目指すなら、たとえうまくいかなかったとしても「トライしたけど貧乏になっちゃったね」「あの時ああすればよかったかもね」と言い合いながら、また一緒に頑張れるんじゃないでしょうか。人生だから、そりゃ、いいことも悪いことも起きる。納得できるかどうかって話ですよね。

◉現状がイヤなら逃げていい

50歳だからラストチャンスなんて決めつけることもない。人間なんていつ死ぬかわからないんだから、どうしてもイヤなことはやる必要ないとも思う。もう散々いろいろなことを経験してきたはずだから、やりたくないことなんか、やらなくていい年齢でしょ、50歳は。

俺は、現状がイヤならするっと逃げてもいいと思うよ。だって世の中、早く逃げ出した人のほうが、実は幸せよ。みんな逃げないから、こういうお悩み相談とかが成立してるんだから。（笑）

Q
2年前に別れたヒモ夫を思い出してはムカつきます

52歳・看護師

働かない夫と2年前に離婚しました。決して豊かではありませんが、ヒモみたいな後ろ向きな夫と別れて良かったと思っています。再婚する気はありませんが、今、お付き合いしている人がいます。

ただ、生きていれば嫌な思いをすることもあります。そういう時に、すべて元夫に結びつけてしまって、不愉快になります。例えば、仕事で理不尽なことがあると「こんな仕事でもやり続けなければならないのはあの男のせいだ。あのクソ男がまともに働いていればこんな思いもせずにいたかもしれない」と、自分の中で憎しみを発酵させてしまうのです。この心の癖《くせ》をなくしたいけれど、やめられないので困っています。何か良い方法はないものでしょうか。

A

答えはもう、あなたの手の中にあるじゃないですか

「心の癖」、自分でよくわかってるじゃん！

だから直るよ。自分でわかっているかいないかっていうのは、すごくデカい違いです。もちろん、わかっていても癖はすぐには直らない。でも、どうやったら直るかな、と考え続けないとダメなんですよ。

今のあなたは、心の奥底ではそういう考え方をしたいと思っているから、しているんです。深層心理ではなんでもかんでも元ダンナに結び付けたいのよ。結び付けちゃいけないとわかっているけれど、結びつけたほうが楽なんだと思う。あなたが頑張ってきた、いや頑張らざるを得なかった理由、今まで積み重ねてきた実績に、元ダンナというものの存在が大きく影響しているからなんでしょう。ヒモ夫による被害の話を裏側から見ると、そん

なオトコがいたからこそ、築き上げられたあなたの歴史、という言い方もできるんですよ。

だから、あなたが「クソ男」と言っても、あまり罵《ののし》っている感じがしない。読んでいてイヤな感じがしないんだよね。元ダンナとは嫌なことばかりでなく、一緒にいて楽しいこともあったんだな、って思う。未練とまでは言わないけれど、きれいさっぱり捨ててしまうのがちょっぴり寂しい過去なんじゃないかな。

でも、その癖に気づいていて、直したいと思っているということは、もうあなたの手元に、どうするかの選択肢はあるんですよ。ここからはあなたの心持ちひとつです。

人間なんて、いつ死ぬかわかりません。それなら、そんな心の癖は捨て去って新しい彼とのお付き合いに全集中したほうが、絶対もっと楽しい未来が開けるよ。タイミングは自分で決めて、自分自身で変わってください。

Q

夫のソレが「本当に入っているの？」というほど存在感がありません

45歳・パート

結婚して10年が経ちます。夫は私の小さな変化に敏感に気づき、褒めてくれたり、慰めてくれたりする優しく思いやりのある人。

そんな彼のことが好きで結婚したのですが、1つだけ残念に思うことがあります。それは「本当に入っているの？」と思うほど、彼のソレは存在感がないのです。セックスには相性があるというけれど、それ以前の話。彼の人柄のよさはピカイチなんだから、それだけでも十分ではないか、と自分を納得させる日々です。

でもやっぱり好きな人と気持ちのよいSEXがしたい……。だけど、それを叶《かな》えるためには離婚して、ほかの誰かと再婚しないと叶わないですよね……。

A

「もう一つの穴」という手もあります（笑）

◉大小だけがセックスではない

どんなエッチをなさっているのか、現場を覗《のぞ》いてみないと本当のところはわからないんですが、心が通うエッチというのは、オチンチンだけが主役ではないと思うんですよ。ダンナさんとあなたの二人で、どう高めあっていけるかということが何より重要です。

どうしても「入っている」という感覚だけがほしいのなら、「別腹で行く」というパターンもありますが、そこまでダンナさんのことが好きならば、大きさにこだわらないセックスを追求していくほうがいいですよね。物理的に大きくするのは無理にしても、角度を変えてみるとか、大人のおもちゃを使ってみるとか、シチュエーションを変えてみるとか、まだまだ工夫の余地はあるはずです。

何よりも、まずダンナさんにあなたの正直な気持ちを伝えましょう。俺があなたの立場だったら、ダンナさんに正直に伝えて一緒に対策を考えるよ。だってそれほど素晴らしいダンナさんで、あなたはダンナさんのことが大好きなんだから。気持ちのいいエッチがダンナさんとできるようになったときの感動ってすごいと思うのよ。生まれ変わる感じがするはずだもの。

◉言ってもらわないとオトコは向き合えない

大小について女性が指摘したらいけないような空気があるけど、断言する。絶対に指摘したほうがいい！　だってオトコの立場からすると、はっきり言ってもらわないとその問題と向き合えないんだよ。たとえ薄々「小さいかも……」と気づいていたとしても。

でも「小さいから直してきてよ」だと、たぶんダンナさんが寂しくなっちゃうから、二人で一緒にこの問題について、ありとあらゆる方向から議論を尽くし、さまざまな方法を実行に移してみてほしい。「全然キモチよくない」というネガティブな言い方じゃなく、「もっとキモチよくなりたいんだ！」と、ポジティブに伝えることも大事なことです。

それでもどうにもならなかったら、「もう一つの穴」という手もあります。（笑）

◉包茎のオトコを救ったことがあります

僕には包茎のオトコを救った経験があります。

ある時、そのオトコが2年くらい付き合っている彼女と結婚すると言ってきたのね。話を聞くと、まだ一回もエッチしたことないと言う。「いやいや、それは結婚する前に一度やったほうがいい」、とアドバイスしたら、「実は……自分は包茎だから、興奮してたつと痛くて痛くてやりたくてもやれない」とおっしゃるわけですよ。

これまで数多くの性の悩み相談を受けてきた酒井としては、胸を叩《たた》きました。任せなさい！　そして黙って包茎手術のためのお金を彼に差し出しました。

手術を受けた彼は、その後無事に結婚し、仕事も軌道に乗り、子どもを持つこともできました。彼が活躍しているのを見るたびに、いい金の使い方ができたと思うし、「こいつの包茎を治したのは俺です」と心の中で叫んでいます。「運命を切り開いた包茎手術」というお話でした。

今は幸せになってるんだから、「誰?」なんて詮索は絶対するなよ!

Q 「親が死んだら結婚を考える」と言われました

51歳・パート

「50歳になったら結婚するか話し合おう」と約束して10年間同棲を続けてきた彼に、昨年「親が死んだら考える」と言われました。

出会った時から「この人を守ってあげたい」と思っていたので、ショックでした。でも、彼を守りたいという気持ちが私の一方的な押し付けや依存心ならば、別れたほうがいいのか……。私はバツイチで、社会人になった子どもがいます。このままのカタチってありでしょうか?

A

顔を洗って正面から向き合うべし

◉前にも後ろにも動けなくなってるのでは？

男女は依存しあっていいし、そういう生き物だと思います。このお二人は似た者同士で寄り添っているように見えます。あなたは結婚を決断してほしいようなことを言っているけれど、もし実際にそういう人が現れてぐいぐい迫って来たら「私50歳だし……」「子どももいるし……」と言って尻込みしちゃうタイプに見える。

一方、相手の男性が「親が死んだら考える」と言っているのは、実は「逃げ」じゃなく本当の気持ちなんじゃないか。あなたと結婚することは彼にとっては人生の一大事業で、あなたのこれまでの歴史とか男性経験とかいろいろなことを考えて考えて考えすぎて迂闊に動けなくなっている。大地震級の変化が彼の生活の中で起きない限り、前にも後ろにも動けない、という彼の気持ちが「親が死んだら考える」という言葉に集約されている気がします。

しかも10年も踏みとどまってしまうと、もうその場が踏み固まっちゃって居心地のいい場所になっちゃうんですよね。人と人のバランスとしてはそれで成り立ってしまっているんだけれど、お便りからは「幸福感を高めあう依存」が感じられない。むしろ逆です。連れ添う二人は映し鏡ですから、現状、あなたから見ても相手から見ても結婚に至る魅力的な相手ではないということだと思います。

でも、こんなことは中学生の恋愛にも起こる「自分のことはさておき、あるある」。人生を左右する潮目を見極めるときは、顔を洗って正面から向き合うことが大切です。あなたは今「この中途半端な場所は嫌だ」と思い始めている。そうなると、別れるか、結婚するか、丁半どちらかに進むしかない。そして、そういう時は、女が結婚したけりゃ結婚できるし、別れたきゃ別れられるというのが世の中の法則です。世界はそういうふうにできてるんです。

◉もしかして、オトコを同じ型にはめたりしてませんか?

いっそ、頭を切り替えて、思い切ってどこかほかのところで悪い男に抱かれてみるというのはいかがでしょうか。その時、あなたがどう感じるのか。罪悪感を持つなら元サヤにすんなり戻ればいいいし、逆にそれを別れる口実にして別れるのもアリだ。

ところで、付き合う男、付き合う男、全員同じ型にはめこんでいませんか。あなたは「ちゃんとしている」人には違いないんだけど、その真面目でちゃんとしている部分が男をダメにしているような気がするんですよ。日々、ちょっと手抜きしておくと、あなたが欲しい甘い言葉をオトコはくれるはずなんです。俺の推察がアタリなら、無害に見えて一番ヤバいタイプの女です。真面目って毒ですから。

いずれにしろ、あなたはどうしたいのかな? あなたが彼に素直な気持ちを伝えることができるかが一番肝心なことなんです。大切な岐路に立ったら、次の一歩をどれだけ強《きょう》靭《じん》な決意で踏み込めるかが人生の肝だと思います。そして、家族みんなが幸せに向かうように、奇跡のタイミングをつかむこと。

「彼」との結婚は初めてなんだから、彼とは初婚ですよ！　もう一度、自分の気持ちを掘り起こして、未来をデザインしてみましょうよ。

大丈夫よ！　頑張って！

Q 夫も芸能人も、好きな人がみんな早逝してしまいます

48歳・会社員

未亡人の私の悩みは、好きになる人がみんな早くに亡くなること。芸能人のパク・ヨンハ、プロレスラーの三沢光晴、そして旦那様、みんな亡くなってしまいました。人を好きになるのが怖いです。男運が悪いのでしょうか？　純烈が大好きですが、たまに怖くなります。

A

あなたは命がけの男に惹かれているだけです

あなたが好きになるから、亡くなっているわけではありません。あなたが命がけの男たちに惹《ひ》かれているだけのことです。そんなあなただから純烈のことも好きなんでしょう。ご存じの通り、純烈は何度も「死んでいる」グループです。メンバーだって最初は６人いたのに、一人減り、また一人減って、今は４人。ここまで来るにはいろいろなことがありました。でも、純烈は何度死んでも、また心臓が動き出すという往生際が悪いグループなので、あなたがいくら愛してくれても受け止められます。安心してもっともっと愛を注いでください。

そして万一ですが、もし、あなたに本当に相手を呪い殺す霊力が備わっているのだとしたら、有効に使っていただきたい。凶悪犯や独裁者、世の中をかき回す荒くれどもを、で

きればちょっと愛していただけないでしょうか。（笑）

Q 高校を卒業してから彼氏がいません

30歳・パート

最近ずっと好きな人ができません。彼氏も高校を卒業してからいないのですが、どうすればいいですか？

A

小さな「言い訳」を準備して、体当たりしてみよう

◉ネットでエゴサーチをするように

水だって飲まなきゃ味がわからないじゃないですか。世界中の硬水だの軟水だの天然水だのって、飲んで初めて味の違いが理解できるものだよね。

オトコも同じですよ。触れて話したり、お友達になったりする。飲み会でもお茶会でも職場でもなんでもいいんだけど、そういうコミュニケーションの場に飛び込んでいかないと。そのためにも常にアンテナを張っておく。髪を整えたり、服装を変えてみたりする。目の中に光を入れていく作業をするんです。自分から出ている矢印の色や角度が変われば、相手から跳ね返ってくるものも変わってくる。

その中でいろいろなお水を飲んでいく。おしゃべりするだけでもいいし、連絡先を交換

するだけでもいい。いろいろな世代、いろいろな男性、たとえ好みじゃなくてもハゲでもデブでも毛深くても、異性を知ることが大事です。

そうしているうちに「あ、これじゃないんだ」「これでもないんだ」「イケメンに行ってみたけど、イケメンでもなかった」と、絞り込んでいけるから。そうしたら、もう見えてくるよね。ネットでエゴサーチをするように、社会に自分をさらけ出してエゴサしてくわけ。

あっという間に今度はあなたのことを猛烈に好きな人が登場してくるはずだよ。で、「好きだ」と言われた瞬間に、あなた自身が絶対、変わるから！ もちろん、変なやつに告白されちゃう可能性もあるけれど、それも含めて、「好き」と「好きじゃない」が飛び交っている空間に飛び込んでいかないと、恋人になったり同棲したり結婚したりという結果には結びつかないんです。

◉ブランクは短い方がいいです

こういう人、最近、多いよね。俺、ものすごくたくさん同じような相談を受けている気がする。なんでもメールやリモートの時代になって、みんな実際に異性と触れ合ってないんだと思う。対面で話をするのは面倒くさいことだけど、会って話してみて初めて理解できる部分ってあるよね。男と女は、絶対リアルで会わないと俺は成立しないと思っている。リモートだけじゃ子どもだってできないじゃん。

年単位で異性とのリアルな触れ合いから遠ざかると、オトコと接点を持つこと自体に臆病になってしまうから、そのブランクはなるべく短いほうがいいと思うんだよね。ちなみに、俺も一年半、ヨメとやらなかった時は服を脱ぐのがなんか恥ずかしかったもの。（笑）

◉1年間パンツを脱げなかった童貞時代。救ってくれたのはまさかの「言い訳」

そんな俺だから、童貞を捨てる時も大変でした。高校時代に彼女と「エッチしよう！」という段階になって、彼女のことは裸にできるのに、俺のほうがどうにも恥ずかしくて服を脱げないという期間があった。それも一年近く！　さすがに彼女も「いいかげん、やれよ。ちゃんと抱けよ」と文句を言うんだけど、「いやいやちょっと待って」「きょうは、ちょっとなんかさ……」とかうじうじ言い続けた。いわゆる「ＡＢＣ」（古っ）のＢ止まり。

俺の普段のイメージと全然違うから、彼女も面白がって「こんなことってあり？」と笑ってはいたけどね。

結局、最終的に目的を達成できた理由は、その日、サッカーの試合でヘディングシュートを打ったところに他のやつがぶつかってきて、俺の鼻が折れたから、でした（笑）。なんのこっちゃ、という話ですけど、鼻が腫れあがって面白い顔になっちゃったんですよ。そこで、それを口実にやった。つまり、自分の中ではずっと「うまく一発目で入らなかったらどうなるんだろう」「お互い気まずくなったら嫌だな」と、いろいろな不安があって、あと一歩を踏み出せなかったの。鼻のおかげで、「もし失敗しても鼻のせいだぜ」と開き直ることができた。

パンツを脱いでからは、あまりにも簡単だったので、彼女に「ねえ、もしかして俺が初めてじゃなかった？」と恐る恐る聞いたら、「はあ？　あんた何言ってんの！　一年間あれだけBやられたら、もうやったも同然だわ」と怒られたよ。パンツを脱げなかった童貞と、「B1年」の人とでは経験値に大きな差がついていたという話です。

世の中的にもいろいろな局面で「言い訳があると実力を発揮できる人」って結構多いと

思います。ブランクのあるあなたには、そのブランクが気にならなくなるような、ちょっとした「言い訳」が意外と役立つかもしれませんよ。

Q 気軽に話ができる男性とお知り合いになりたい

71歳・パート

5年前に夫を亡くしました。女友達にめぐまれ、楽しく過ごしていますが、ふと寂しくなることがあります。たまには男性とお茶や食事、観劇や小旅行もしたいのですが、周りの目が気になって自制しています。

話し相手を探そうと最近、カラオケサークルに入りましたが、声をかけられずにいます。ちょっとした相談事を聞いてくれる人と知り合いたいですが、肉体関係はイヤです。この願いをかなえるにはどうすればよいのでしょうか。

A まずは一歩を踏み出してください

◉ある男の話です

前からよく知っている人物の話をしましょう。彼は青年時代、大切な彼女がいたんだけど、「男として生を受けたからには理性的な部分だけでなく本能的な衝動も大切にしたい」「来る者拒まず、去る者追わずの男になりたい」と考えていました。ところが、殻を破る勇気がなかなか出ない。

このまま彼女だけでいいのか。

若さゆえの短絡的な考えではありましたが、彼は真剣でした。彼は街のネオンに導かれるまま、テレホンクラブに通うようになります。一週間通い詰めて約束を取り付けても、待ち合わせ場所に現れた女性は一人もいませんでした。

しかし、今日で最後にしようと決めた日、ついに一人の女性が現れたのです。同い年の学生さんで、百キロを超える恵まれすぎた体格……。決してタイプとは言えませんでしたが彼は彼女に真っ直ぐな好意を抱いたのです。

マクドナルドで短く自己紹介した後、彼女は静かに彼に告げました。「あなたさえ良ければ私は嬉《うれ》しいです」

出会って一時間も経たないうちに、二人は街はずれのラブホテルに消えました。

アパートに戻った彼は、達成感と自己嫌悪に襲われながら、風呂場で削るように身体を洗ったそうです。「もっと好みのタイプの人がよかった。でも、彼女を裏切ってしまった。でも、一歩踏み出せたぞ」。ぐるぐる考えているうちに彼は眠ってしまいました。

◉オトコは再び街に出ました。そして…

目が覚めると外はもう暗くなっていました。頭を冷やそうと彼は街へ出て、気が付くとまたさっきのマクドナルドの前にいました。彼女と話した2階の窓際の席を見上げていると、スーツ姿の美しい大人の女性が微笑《ほほえ》みながら彼に話しかけてきました。「今、お時間ありますか?」

自己紹介した後、彼は静かに告げました。「あなたさえ良ければ僕は嬉しいです」。2人はラブホテルに消えました。

スクランブル交差点を行きかう人波を眺めながら、彼は気付いたのです。たった一日で「来る者拒まず、去る者追わずの男」になれたことに。

彼の名は、酒井一圭——。だから年齢なんて関係ないです！ 行動あるのみ！ とにかく行けよ！（長いよ！ 笑）

Q

「オレは漫画家になる」と言い出したカレ。結婚を考えていたのですが……

34歳・会社員

私には交際期間が3年の、5歳下の彼氏がいます。趣味や感覚があう人なので、「結婚するならこういう人がいいな」とぼんやり考えていました。

しかし、彼は2、3年おきに転職を繰り返し、ひとつの職場に定着しません。それでも、私にお金をせびるわけでもないので気にしていなかったのですが、急に「オレは漫画家になる」と言い出しました。無下に反対する権利は私にはないので、「じゃあ、漫画家さんのアシスタントになって修行しなきゃ、だね」と言ったところ、「いや、最初から新人賞を狙ったほうがいい」と言うのです。最初は冗談かと思っていたのですが、どうやら本気のようです。

でも彼はこれまでに漫画を描いたことなどありません。そのうち違うことに興味がそれるかなと思っていましたが、1年たった今も「漫画家になる」と言っており、漫画を描かずに漫画を読みまくる毎日を過ごしています。

結婚したとしても、私は彼に養ってもらおうとは考えていませんし、共働きがいいなと思っているので、「ちゃんと定職についてよ！」という怒りはないのですが、何がしたいのかわからない彼の言動に心が引いてきています。そういえば、昔お付き合いした人も急に「今の会社で人生を終わらせる気はない。40代で会社を辞めてカフェを開く」と言いだしたことがありました。

男の人ってなんなんですか？

A

あなたが「支えの天才」なら成立します。安定なんかどこにもないよ

◉カレは今のままでいい

私も、歌ったこともないのに急に「紅白歌合戦に出る」と言い出した男です（笑）。この質問には、本当は紅白に出る前の売れていない時に答えたかった。だって今は読む人の受け止め方が変わっちゃっているから。なんか、目標を達成した純烈リーダーが答える「成功者の語る必勝法」みたいになっちゃうじゃない。まず、どう転がるかは本当に五分五分よ、ということだけは大前提としてお断りしておきます。そのうえで……。

ちょっと前までの俺はこのカレみたいな人だった。仕事は続かない、カラダは求める、揚げ句、女にカネまでせびる。そのうえ浮気もする。最低の男、欲のカタマリみたいなヤツでした。

だけど、その時々にあなたのような方がいてくださり、支えてくださったおかげで、紅白に出るところまでやってこられたわけです。うちの奥さんは応援の言葉こそ口にしなかったけれど、黙々と子育てをし、家計をやりくりしてくれた。汗をかき、涙を流し、一言の文句も言わず。もうそれは宮沢賢治の詩の世界ですよ。

その支えがあったから、自分も「やるしかない」と思ったし、そのうえ親父が死んでだから、このカレも今のままでいいのよ。やり方も俺はすごく正しいと思う。漫画を読んで読んで、そのあとで一気に描き上げてやる、という考え方は、ある意味合理的だし俺もそっちのタイプだから理解できる。

「もう絶対やるしかない」というところまで追い込まれたんです。

◉今の日本には、どこにも安定なんてありません

演歌、歌謡曲の世界でも、何かのコンクールでグランプリをとるとか、作曲家の先生に弟子入りしなければデビューできないというのが、基本的なセオリーです。そして、この世界は、九分九厘そういう人たちで構成されている。だけど、純烈は全く違うところから

出てきました。世の大勢とは違うアプローチを選ぶというのも、時代のタイミングとしては、アリなんですよ。

ただ、条件はあるね。その人が何らかの天才であるか、あるいはあなたが「支えの天才」であるか、ということ。そこを二人で見極めたうえで、あなたが「支える」と決意できて、二人で試行錯誤しながらも進んでいけるなら、いつかカレがモノになる可能性「も」あるでしょう。あなたは経済的にも精神的にも男に依存しないタイプのようだから、自分の食い扶持《ぶち》は確保したうえで、賭けてみるのはいいと思う。このまま安定を求めているよりは、いいと思うよ。そもそも今の日本には、もうどこにも安定なんてないんだからさ。

で、「これはヤバいな」と思ったら、相手を置いてソッコー逃げればいいだけの話です。

Q

会ってご飯食べて、セックスして終わり。付き合ってると言えるのでしょうか？

43歳・自営業

30代後半から出逢いが急激になくなり、勇気を出して40歳で出会い系サイトに登録。そこで1歳上の料理人の男性と知り合いました。何回かメールでやりとりし、実際に会うことになったのですが、見た目もタイプで、職人ならではの誠実さを感じる人でした。相手も私に好感をもってくれたようで、とんとん拍子でお付き合いをすることに。約10年ぶりの恋愛だったこともあり、映画を観に行きたい、旅行をしたい、どうでもいい話をダラダラしたい――など、やりたいことが次々と浮かび、舞い上がっていました。

けれど、料理人の彼は土日も仕事で、平日も夜遅くまで働き詰め。久々に会えたとしても、ご飯を食べて、セックスして終わり……。こんな関係が付き合っていると言えるのでしょうか？　何気なく「会うといつも、ご飯食べて、エッチして終わりだね」と言ってみたのですが、「そうかな？」という反応。友人に相談したら、「大人の恋愛ってそういうもんじゃない？」と言われたのですが、そもそも大人の恋愛ってなんですか？　男性は恋愛に何を求めているのですか？

A

しっかりしろよ。よその女にかっさらわれるぞ！

◉なんて立派なオトコなんだ

料理人の彼は土日も仕事で、平日も夜遅くまで働き詰め——と。

なんて立派な男なんだ。そういうしっかりしたお仕事がある男性と巡り合ったわけなんだから、彼があなたに割ける時間が少ないというのは当たり前なんです。それ以上のものを求めるのであれば、あなたが身を引くべきだと俺は思う。

大人の恋愛って何なんですかって聞いてますけどね。大人というのは、むやみやたらに時間があるわけじゃない。高校生みたいに、放課後ずっとおしゃべりするような時間はなくて、どうしたって仕事が生活の中心になるんです。学生の頃なら実家で親が養ってくれるから日々の生活のことなんて考える必要がないけど、自分で生活の糧《かて》を得るべき立場にあれば、この彼が働き詰めになるのは当たり前のこと。なんであなたが十代の女の子みたいなことを相手に求めるのか、俺には全くわかりません。

もし、高校時代みたいに映画を観たり、旅行をしたりしたいのなら、彼とは別れて年下の男性を探すことをご提案します。なぜ年下か。それは、あなたより年上でそんなことができる男は、ダメ人間確定だからです。(笑)

金持ちの経営者という場合もあるかもしれませんが、それも余命いくばくもないという人でもなければ、あなたに付き合うだけの自由な時間はそうそうありません。結婚の可能性も将来性もないのは、言うまでもありません。

◉出会い系サイトは、ふつう一回やってサヨナラです

そんなに忙しいのに、会う時間を作ってくれて、エッチまでしてくれる。

いいじゃん、それで。

あなたが勇気を出して利用した出会い系サイトとは、多くは「一回やって終わり」なの！　こんなちゃんとした彼を捕まえられたこと自体が奇跡かもしれません。

10年のブランク……ですか。10年も間があくとこうなるんですかね。いや、あなたが女子高生のままで痛々しいです。俺から見ると。

ご飯食べて、セックスして終わり。仕事で疲れているだろうに、こんなにちゃんとお付き合いしてくれる。涙が出ますね。この尊さに早く気付けよと俺は言いたいよ。

彼は、素敵な人です。もう大チャンスが来てる。ツーアウト満塁で、あと一点取れば日本一。絶対に自分磨きをして、彼に結婚しようと思わせることを強くお勧めします。でないと、あっさりほかの女にかっさらわれんぞ！

Q

ワケあってバツ2。結婚不適合者と思われそうで人間関係が怖いです

46歳・会社員

私はバツ2です。といっても、価値観や性格の不一致による離婚ではなく、一度目は夫の失踪、二度目は病気でやむなくの離婚でした。でも、バツ2と明かすと、性格に難があるとか、結婚不適合者のように、自分のいないところで噂《うわさ》されそうで、新しい環境で、なかなか人とお近づきになれません。仮にきちんと話して理解してもらったとしても、付き合っていく中で「やっぱりね」と思われるのがイヤなんです。出会いが欲しいとか再再婚をしたいのではありません。でも、このハードルがあるため、人と深く付き合えないのもなあ、と思っています。

A

それなら、きちんと説明しよう

説明するのは面倒くさいかもしれないけれど、説明されるのとされないのでは全然違うよね。俺だってこうして話してもらうと、なるほどそういうことか、と思うもの。

憶測を生まないじゃないですか。説明すれば。説明しなかったら逆に、「バツ2って何かあったんだろうか」ってどうしても勝手に思っちゃうよ。だから、大切な友人とか、説明するタイミングが巡ってきた相手には、ちょっと面倒でもきちんと説明しておくのがいいよね。交友って広い必要はないから、出会う人すべてではなく、本当に必要な人にだけ、でいいけれど。

俺としてはそれよりも、あなたには守りに入らず積極的に三回目にいってほしいけどな。これまでだってチャンスがあったんだから、きっとまた出会いはある。これからも思う存分大恋愛してください。二度あったんだから「二度あることは三度ある」ですよ。あ！

それだと三回目の離婚になっちゃうか。
では「三度目の正直」ということで。（笑）

Q SNSで見つけた初恋の人に会いたい

50歳・会社員

寝る前にフェイスブックを見ることが、毎日の楽しみです。ある日、大学時代の友人の投稿に、当時片思いをしていた男性がコメントしているのを発見！　本や映画の趣味がよく合い、２人で出かけたことも何度かあったのですが、告白できないままにいつの間にかフェイドアウトしました。

その後、私は職場の人と結婚。子どもを育て平穏な生活を送ってきましたが、彼の名前を見たら恋心が蘇ってきてしまいました。今の生活を壊したいわけじゃない。でも、彼に会ってみたい気持ちが日ごとに募っています。どうしたらいいのでしょうか。

A

禁じ手を作ることも必要

◉人生の落とし穴かも……

私はインターネットやSNSの一番の恩恵は再会だと感じています。今やネット社会に参加している世界中の人たちがこのような「ネット再会」を果たしていますよね。オンラインのみならず、実際の再会に至った人も多いでしょうし、私自身も同窓生だけでなく恩師や子役時代にお世話になったスタッフさんなどとの嬉しい再会がありました。

とはいえ、扱い方によっては思い出を呆気《あっけ》なく溶かしてしまう落とし穴が多分にあるので危険です。

私の出した結論は「慕る気持ちの清らかな源流を大切にされるのが最善」ということです。同窓会などで、仲間たちと一緒に会うならいいと思うんですよ。でもＳＮＳで連絡を取り合いながら道中はどうあれ、結局二人きりで会ってしまう展開は、彼に会いたいというあなたの清らかな気持ちの源流を壊してしまうことになる。

それに、結婚して築いた平穏な生活は「昔の恋心」や「経験」を口にしないことで成り立つものだったりしますよね。現在を楽しむことも大切ですが、清らかな過去は切り売りしない。禁じ手を作ることも人生満喫の秘訣ということで。

Q

夫が急逝。受け止めきれません

66歳・主婦

8年くらい前に東名厚木健康センターで純烈のショーを見てから、夫婦そろってファンになりました。厚木だけでなく、相模女子大学グリーンホールやNHKホールでのコンサートにもいつも夫婦で行き、一緒に楽しんできました。

ところが、2019年夏に主人が急逝いたしました。主人はカラオケで純烈の歌を歌うことが楽しみでした。そして、健康センターでお酒を飲みながらライブを見るのを楽しみにしていました。

コロナでライブが無くて寂しいです。いつも一緒だった主人も亡くなり、今まで味わったことのない寂寥《せきりょう》感です。耐えられないほどの苦しさで、毎日とても辛いです。いつか人は別れることになるとは思いますが、あまりに突然の主人の死を受け止めることができないでいます。純烈の「愛をください」にずいぶん慰められました。リーダーの胸で泣きたいです。

A

純烈に会いに来て。泣きに来てください

泣かないと人は具合が悪くなります。純烈に会いに来てください。

コロナでほとんどのコンサートや新曲発表会が中止やオンラインになった２０２０年でしたが、２０２１年は健康センター含め、リアルな公演を再開する予定です。旦那さんと一緒に楽しんだ場所に純烈が登場するのを見て、気がすむまで大いに泣いてください。そういうお付き合いを純烈としてもさせていただきたいし、それが旦那さんが一番喜んでくれることだと思います。

グループを続けていると、どうしても周囲に亡くなる方が出てきてしまうんですよね。

ファンの方が亡くなったり、ご家族が亡くなったり、お嫁さんが亡くなったり、よくそういうお手紙をもらいます。もしかしたら、あなたの旦那さんも、健康センターのお風呂で一緒に笑い合った方の中にいたのかもしれません。

今度、健康センターにいらっしゃる時には、ハンカチではなくタオルをご用意いただいて、もうぐしゃぐしゃに泣いてください。純烈のコンサートには、それぞれの理由で泣いている人がたくさんいると思います。たぶんあなたの隣の人も、そのまた隣の人も、それぞれの理由で泣いているでしょう。もしかしたら、俺も泣いちゃうかもしれません。

泣くってすごく大事です。人は泣くのを我慢していると、心の具合が悪くなります。排《はい》泄《せつ》がうまくいかないと体調が悪くなるのと同じことです。だから、泣きに来てください。僕らがその「場」を作ります。そして、あなたにはいつまでも元気で、純烈を支えていただきたいです。

第二章

上司とか友だちとか。人間関係ってややこしいです

Q

パワハラ正社員が怖くて眠れません。急に胸が痛くなることも

50歳・パート職員

職場の人間関係で悩んでいます。今の職場にはパートで勤めだして半年になります。仕事は多くて毎日忙しいですが、職場は同年代の女性が多く同僚との関係は良好です。ところが、正規雇用の職員の中にパートを蔑《さげす》むというか、下に見ている女性がいて、そのうえかなりキツイ性格で弱っています。私は同じ課にいて、「目をつけられた」ようで、何かと叱責されます。

最初は数字が違っていたなど、私のミスを指摘するだけだったのですが、だんだんとクリップの留め方だの、書類に鉛筆で丸をつけただの、些末《さまつ》な内容になっていき、最近では休暇や在宅勤務で私が不在にしていた時の他のパートさんのミスまで何かと理由をこじつけて私のせいにし、叱責します。

実は、この職場では歴代のパートはだいたい半年くらいで辞めていて、いい職場なのにどうして辞めてしまうのか不思議でしたが、最近は、その理由がわかったような気がしています。彼女がみんな、潰《つぶ》してしまったようです。

私も先月くらいから職場に行くのが怖くなり、不安で眠れなくなったり、急に胸が痛くなったりして病院へ行きました。このままでは私も潰されてしまいそうなので、辞めたいとも思いましたが、コロナの影響か求人も少なくて、辞めるに辞められないでいます。

A

立場の弱い人がめっちゃ強い時代です。パワハラ女の泣きどころを調べて戦おう！

◉弱いやつをいじめる。俺もずっとそういうひどい奴らと戦ってきた

お任せください。酒井の得意分野です。

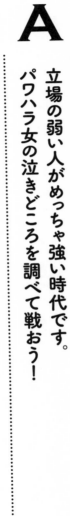

ここまで縷々《るる》説明してきた通り、わたくし酒井は、いい加減な人生を送ってきました。「あばれはっちゃく」になったり、ガオレンジャーになったりと、それなりに人生の「山頂」も経験していますが、長くは続かず、圧倒的に谷底生活のほうが長いです。そのうえ、役者生命を断ち切った右足の骨折……。でも、すべてを失ったところから奇跡のV字回復を果たし、昨年末、紅白歌合戦に三回目の出場を果たしたことは、皆さんご存じの通りです。もちろん順風満帆ではありません。それはそれはいろいろなことがありました。この方が悩んでいるようなシチュエーションもありとあらゆるパターンで経験しています。

では、私はどうしたか。

簡単です。格闘技にたとえるなら、そのパワハラ女は仁王立ち。あなたはやられまくってリングに倒れてしまっている。でもあなたにはまだ寝技が使えます。あなたはパワハラ女との闘いに必ず勝つことができます。

ネットを開いてみてください。「立場が弱い人たち」からの「告発」であふれかえっています。唇を噛《か》みしめ涙をこらえて上司のパワハラに耐えるしかなかった時代は、もう過去のもの。昨今では、パワハラはあっという間にネット上で燃え盛り、炎上の炎がその企業丸ごと焼き尽くす。そんな時代になっているのです。テレビ局だって視聴者からのクレームを、たとえそれが意味不明な逆ギレに近いものだとしても、聞かざるを得なくなっている。どんどん規制が強化されていて、これはこれでよろしくない風潮だと俺は思いますが、今の時代、弱いやつのほうが強いんだわ。だから自信をもっていきましょう。

◉問題のある中間管理職なんて、誰でも飛ばせる時代です

そのパワハラ女にも泣き所があるはずです。なぜ次々とパートさんを潰していくようなパワハラ女が、長年そのポジションに君臨できているのか。俺のこれまでの経験から言うなら、そのパワハラ女を取り立てている上司がいるからだと思います。調べていけば、パワハラ女と上司をつなぐクモの糸が見えてくるはずです。それを、気づかれないように一本一本切っていく。相手が気づいた時には、戦おうにも手足が動かせないくらい、ヤバい状況に追い込むんです。

そのためには、社内を調査してネタを仕込む。マットに沈められて殴られたり蹴られたりしたら「パシャッ」ですよ。証拠として残していく。歴代の辞めていったパートさんた

ちの意見も集めて、最終的にはパワハラ女を引き立てている上司が、パワハラ女に態度を改めるよう勧告するか、態度が改まらないならクビにせざるをえない、そこまでのお膳立てをするんです。あなた一人だけの意見では、たぶんトドメは刺せません。あくまで「みんな」の意見だというところがポイントです。それから、あなたが首謀者だということは、上手に隠して、知らん顔をしておきましょう。

強いやつが弱いやつを潰す。芸能界なんてそんなことばかりです。そんな「敵」に出会うたび、俺は「黒酒井」を発動させてきた。時には何年もかけてパワハラ野郎の素行調査から始めて、やつらを倒して成り上がってきた。そうでもなければ、とっくに潰されていたと思います。

あなたが辞める必要なんてまったくない。ブラックな情報が、世界中に一瞬で広まるようになったこの時代、人事権を持っているのは、社長と、最も立場が弱い皆さんなんです。問題のある中間管理職なんて、いくらでも飛ばせるよ。

勝ち目は「100　対　0」であなたにある。だから戦おう。

ネバギバだぜ！

Q

過去に嫌な言葉を言われた人の家族の不幸にほくそ笑む自分が許せない

58歳・バイト

会社員時代、嫌な人から嫌な言葉を投げつけられました。その後、その嫌な言葉を言った人が子宮がんになったとか、子どもが難病で入院中だとかの噂を聞いた時、つい頬が緩んだ自分がいました。言った本人ならいざ知らず、自分に関係のない子どもさんの不幸を喜ぶような自分の性格は、自分でもよくないと思います。自分を変えられる方法があるなら教えてください。

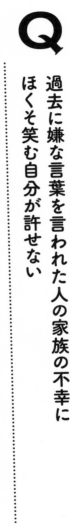

A

変わる必要はありません。人間は愚かです

いやいや、あなたは変わらなくていいです。

そんなことより、自分を大事にしてください。自分の行動を省みた時に「自分がイヤだ」と思うことなんて、大なり小なりみんなあることです。

「つい頬が緩んだ」って、それはもう人間に標準装備されているシステムなんですよ。なんでもかんでも表も裏も、聞こえのいいことばかりではありません。それに、あなたのそういう行動が、たまに世のため人のためのエネルギーになることもあるというのが、これまた人の世の不思議でして。

愚かですよ、人間は。交通ルールだって守れないからあんなにたくさん信号が設置してあるんだから。人を殺しちゃいけない、と言ったって殺すやつはいるんだから。だから裁判所があり、刑務所があり、警察がいる。そのくらい自分で制御できないのが人間なんで

す。あれだけ長い時間学校に通わせてやっと調教される。素のままの人間なんて、きっとすごく野蛮な生き物だと思うのよ。

自分が何もされなかったらそんなふうに思わなかったでしょ？　何もされていないのに「殺してやる！」とか言い出すならヤバい人だけど、嫌な人に嫌なことを言われたから、自分も思ってしまったわけでこれは仕方ない！　思うだけなら全然問題ないですよ。

今後はなるべくイヤな奴とはかかわらない術を身につけて、心穏やかに、心地いい日なたに自分の心を置いて、自分を可愛がってあげてください。

Q

周りの意見を素直に受け入れられません

44歳・会社員

リーダーと同じＡＢ型なのですが、職場の同じ部署の仲間といつも意見が逆で、相手の意見を素直に受け入れることができません。同僚とうまくやっていくにはどうしたらいいですか？

A

「下から目線」、ありますか？

◉孤立しがちな僕の意見が通るワケ

ＡＢ型ですか。そうですかぁ。

純烈において僕の意見はあなたと同じで、いつも周りと違って孤立しがちです。でも、今の純烈には、だからこそその意見が通る土壌があるんです。

なぜか。

僕は純烈を始める前から自分とは違う考え方を精いっぱい取り込み続けてきた。その結果生まれたのが僕の意見というわけです。だから、スタッフやメンバーも「周りの意見を聞いたうえでリーダーは答えを出してきている。それならば、それを楽しみにしようじゃないか」と思ってくれている、ということなんです。同じ言葉でも、その背景によって意味合いは変わるんですよ。それは、酒井一圭という人間が積み上げてきた安心と信頼によるのかもしれません。

◉誰よりも「下から目線」でみんなの意見を聞いて

だから、もしあなたが「自分の意見が通らない」というフラストレーションが根っこにあって、周りの意見が受け入れられないというのであれば、まずは徹底的にみんなの意見を聞くべき。自分の意見を主張するより前にね。

仮にあなたが僕と同じく少数派で非常に個性のあるAB型で、その個性を武器にしたいのであれば、誰よりも下に自分を置いて「下から目線」でみんなの意見を聞き、献身的な行動を10年は続けて地盤を作っていかないとダメなんです。人を動かしたり、納得してもらったりするのって、並大抵のことじゃないんだよ。だから、意見とか個性とかうんぬんする前に、仲間たちと本物の信頼関係を築くべきだね。

Q 将来の漠然とした不安をどうしたらいいでしょうか

43歳・会社員

アラフォーの独身です。30代までは仕事に恵まれ、ＩＴ企業でキャリアを積み、部長直下のポジションについていました。

しかし、ストレスで体調を崩したため昨年退職し、初めて知人の紹介でアルバイトを経験しました。今はその会社で正社員登用され、残業もノルマもなく働いています。待遇は役職付ではない一般社員です。正直、仕事で成功を収めている友人や出産後もバリバリ働いている元同僚の話を聞くと、焦りを感じます。私にはスキルも実力も夢も目標もなく、結婚の予定もありません。親が亡くなって一人になったらこの先どうなるんだろうと、とても不安です。見えない将来の不安にどう対処していけばいいでしょうか。

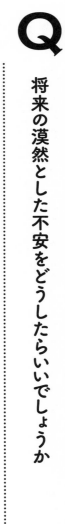

A

「ワクワク」と「ガクガク」「ブルブル」はきょうだいみたいなもの

24時間365日夢中で生きる人と、23時間365日生きる人がいたら、1年後は365時間の差が出る。最初は同じように見えるわな。そして、大半の人もその差に無自覚だが、気づいた頃には一目瞭然、まるで違う。これが、社会システムの中で無防備に生きてきた人に起こりがちな「群衆あるある」。

アラフォー、学歴、IT、キャリア、ポジション、ストレス、退職、アルバイト、正社員、残業、ノルマ、待遇、役職、成功、結婚、親、スキル、実力、目標、不安——。

俺から言わせれば、「同世代、よくぞこの糞《くそ》まみれなシステムの中で頑張ってきたな！」。

でもさ、これまでも見えない将来の不安に対処しながら生きてきたじゃん。これからも、今まで通り生きていくだけだよな。それは俺も同じことだよ。不必要な現実や過去を見て無闇に自分を不安に陥れることはない。群衆の中で、あなたはやっと目を覚まし、自由を手に入れた。

「この自由が不安なんだよ！」って（笑）？　わかった。一つ教える。学校で習った「不安」＝「ふあん」という読み方や解釈はテストの時だけにして、「不安」は「チャンス」や「希望」と等価なんだってことを肝に銘じてこの瞬間から生きてみて。「ワクワク」と「ガクガク」「ブルブル」は、きょうだいみたいなもんだよ。

Q 若手演歌歌手ファンのご近所さんの誘いを断りたい！

61歳・主婦

同じマンションに住むAさん（60代）に、今夢中になっているという若手演歌歌手のコンサートに誘われました。行ってはみたものの、私は何かに夢中になる性格ではないため、

Desigual

いまいち乗り切れませんでした。でも、私の分のペンライトや団扇《うちわ》まで用意してくれたAさんは「ファン仲間ができた！」と嬉しそう。そんなAさんを前にすると「実はピンとこなかった」とは言えず、その後も誘われるままコンサートに2回ほど行きました。次こそは断りたいのですが、Aさんを傷つけたくない。嘘《うそ》をついても同じマンションなのでばれてしまいそうです。どうしたらいいでしょうか。

A

若手演歌歌手。応援してあげてほしいところですが（笑）

これはもう「若手演歌歌手」と書いてありますしね、われわれの世界のお話で。こうして何かに夢中になっている友達から熱心なお誘いを受けた経験のある方も多いんちゃうかなあ。

ここでポイントとなるのが「若手」ということ。たとえば、北島三郎さんや五木ひろしさんのようなベテランだったら、成熟した会場全体のムードに誰もが圧倒されると思うんです。でも、僕らもそうだったけど、デビュー間もない頃は家族を総動員しても絶対に客席は埋まらない。それが「若手」の等身大の姿なんです。

純烈が紅白出場という大きな夢を叶えることができたのは、これまでも今も、Aさんのようなやけどするほど熱いファンの方たちに支えられているから。Aさんはこの「若手」にいつの日か羽ばたいてほしいと純粋に願っている。自分にできることは「精一杯の応援」と青春を謳歌《おうか》されているんだと思います。本当にありがたいことです。

でも、興味のない人は暑苦しく感じてしまいますよね。中澤卓也や新浜レオンといった天性の愛嬌《あいきょう》と歌声を備えた注目の若手も登場しており、本音としては私もぜひ会場に足を運んでほしいんですがね。

よしっ！　この悩みを回避する方法はこれや！　「夫が嫉妬しているのか最近機嫌が悪くて。だから落ち着いたら参加するね！」。夫のせいにしちゃう作戦でいかがでしょうか。（笑）

Q

学校での集団行動が苦手です

15歳・学生

私は今学生で、体育委員をしているんですけれど、集団行動とかいろいろなことでみんなの足を引っ張っています。どうしたらいいですか？

A

お家でお手伝いしましょう

◉「ありがとう」の気持ちでお手伝いをしよう

15歳ですか。そうですか。

人間関係で一番大切なのは、約束を守ること。これからあなたが大人になって社会に出てお金を稼いで生きていくとき、あなたが約束を守れる人かどうかは、とても重要です。遅刻しないとか、決められた時間を守るというのは社会人にとって基本中の基本で、守れない人は、社会で相手にされません。

あなたは、お家でちゃんとお手伝いをしていますか？　あなたは学生で、自分で稼いだお金でご飯を食べているわけじゃないし、携帯電話を持っているとしたらその料金もあなたが払っているわけじゃない。今、着ている服も学校の教材も、何もかもご両親や家族がサポートしてくれて、あなたの生活は成り立っているんです。

あなたはそういう家族に、行動で「ありがとう」と伝えられているだろうか。

何も特別なことをする必要はない。「お手伝い」でいいんです。お皿を洗ってみたり、洗濯をしてみたり、掃除をしてみたり、布団の上げ下ろしをしてみたり、いろいろなおうちの中の仕事を、「やらされている」と思うのではなく「ありがとう」の気持ちをもってやる。それだけで、学校に行った時のあなたが劇的に変わってくるはずです。あなたは集団行動が苦手と感じているのだけれど、それができるようになるばかりか、できない人たちが目につくようになる。そして、自分の経験からそういう子を助けてあげられるようにさえなりますよ。

◉学力より「人間力」が大事です

赤の他人で45歳のオッサンの私が言うことですが、半信半疑でいいのでやってみてください。そしてそういう目で周りを見ると、下駄箱に靴をきちんと入れるとか、先輩や先生に大きな声で挨拶するとか、日常のさまざまなことがしっかりできているお友達がいるのが見えてくる。人としての基本がちゃんとしている、そういうお友達を自分の目標、モデルにしましょう。全然できないダサい不良は放っておいて。

学校って、学力の程度で区分けされていく場だけど、勉強ができるなんてことより、人間としてできているということのほうが、社会に出たらずっと大事なことになる。どうかその時、ダサい側に分類されないように今から頑張ってください。

Q 同窓会で「化粧が濃い」。恥をかかせた友人が許せない！

72歳・主婦

昨年、中学校の同窓会に参加しました。老けたと思われないよう美容院で髪をセットし、体形をカバーできる洋服を新調。久しぶりにきちんとメイクもして、自分としては大満足な仕上がりで向かうことに。

それなのに、会場で会ったA子が「お化粧が濃すぎるんじゃない？　若作りは今流行《はや》らないのよ。年相応の美しさが一番よ」と大きな声で言ってきたのです。周りの友人たちも反応に困っている様子で、顔から火が出るような恥ずかしい思いをしました。

一年以上経った今も、思い出すたび、腹が立って仕方ありません。A子の言葉が胸につかえ、おしゃれも楽しめなくなってしまいました。

A

「若作り上等」です。言わせておけ！

同窓会って仲間たちと再会できる楽しみと引き換えに、ヘアメイクや洋服に悩んだり、何かとカロリーを使うものですよね。年齢を重ねるごとに、参加するのも気楽なことではなくなっていると思います。

「一年以上経っても腹が立つ」とは、A子のパンチが強烈にヒットしてしまったようですね。一緒にやり返しに行きましょう！　と言いたいところですが、人間的に未熟としか言いようがないA子と、わざわざ同じ土俵に上がる必要はないですよ。その場にいた仲間たちも再会に水を差したA子の至らなさをさぞ残念に感じたことと思います。

私は「自分としては大満足だった」というあなたの充実感を大切にしてほしい。「若作り上等」ですよ。これからも、心も体も若々しく過ごしてください。純烈ファンのマダムたちは、年齢を感じさせずに元気ハツラツ楽しんでくれてます。

ですからお嬢さん、心のままに純粋におしゃれを楽しんでくださいね。A子と再会したらって？　関係ないですよ。相手はお子様ランチです（本当はくそババア！　笑）。ナンボでも言わせておきましょう！

Q

子どもを授からなかった私。動物病院で「お母さん」と呼ばれると腹が立ちます

49歳・農業

既婚者ですが、子どもはいません。子どもを授かることができなかったという心の傷は簡単には癒されません。そんな中、飼っている猫の具合が悪くて動物病院に行くと「〇〇ちゃん（ペットの名前）のお母さん」とか「ママ」と言われてイラッとします。ペットは家族の一員ではあるけれど、自分がペットの母親であるとか、ペットが子どもだとは思ったこともありません。「お母さん」「ママ」と言われるたびに腹が立ちます。

でも、そのいらだちをそのまま獣医師に伝えるのも変だし、なんて返事をしたらいいのかわからず困っています。やんわりと優しくて、センスのある返し方はありませんか？

A

シャレのきいた名札をつけたらどうでしょうか

名札を胸に（あなたのだよ！）つけるのはいかがでしょうか。あなたがケイコさんならケイコ、ヨシコさんならヨシコと、自分の名前を、たとえば猫のイラスト入りのワッペンに書いておけば、やんわり優しく「私のことは名前で呼んでくださいね」というメッセージをお伝えできるんじゃないでしょうかね。たぶんお医者さんも「ママ」ではなく、その名前で呼んでくれますよ。

純烈の握手会でも「オバチャン」とか「マダム」じゃなく、自分の名前を呼んでほしい方はお名前ワッペンをつけていらっしゃいますね。握手していて、さらっと普通に胸にワッペンが貼ってあると「なに？　名前ケイコなん？」みたいに聞いてみたくなります。

あなたが子どもを授かれなかったことを、当然のことながらそのお医者さんは知りません。かといって突然「実は私、子どもが授かれなくて……」と縷々説明されても、獣医さんとしては「？？？」だ。「ママと言われるたびに心の傷が痛むんですっ！」なんて言われてしまったら、「猫の病気を治してやらないぞ」みたいなことになりかねないので、ご注意を。（笑）

Q

少し働くとイヤになってしまいます

47歳・パート

生活費や純烈費が必要なので、仕事をしないとダメなんですが、少し働くとイヤになってしまい、たまにズル休みもしてしまいます。頑張る目標の純烈のライブも今はコロナでお休みで全然やる気が出ません。リーダーならこういう時どうやって乗り越えますか？

A

ヤバイ。今サボるのはドツボかも

少し働くと嫌になる、か。俺も同じよ。どうしたら、きちんと頑張れるんだろうね。(笑)

コロナで世の中すべてのことが変わってしまった。純烈も、皆を喜ばせようと全国のスーパー銭湯で濃厚接触を繰り返してきたけれど、2020年はそれが全くできなくなってしまった。思いがけないお休みで、今までチャレンジできなかったことにチャレンジできるなど、よかったこともあるけれど、この世界すべてのもののありよう、カタチを変えてしまったのが、このコロナです。だから、今までは純烈を見て頑張れていたあなただって、今後また同じように純烈を見て頑張れるとは限らないんだよね。

俺も2021年は新しいモチベーションを見つけないといけないと思っている。それも、過去の経験から持ってこようとは思っていない。コロナ以前のことはいったん忘れて、全国を回りながら新しい取っ掛かりみたいなものを見つけようと考えています。たぶん一か月くらいでは見つからないから、いろいろ試行錯誤しながら一年くらいかけてね。これから前向きに頑張っていくためにも。

そんなタイミングの今は、サボらないことが案外大事なのかもしれません。これだけ大きな変化が起きているときにサボるのは、ドツボな気がするよ。コロナ以前なら「1サボり」にカウントされていたものが、今は「100サボり」くらいになっちゃう可能性すらある。そのくらいの危機感は持っているよ。

酒井らしくない真っ当な回答になりますが、やはりズル休みなどせず、サボらずにコツコツと働き続けることこそが大事ではないでしょうか。

第三章
独りとか、落ち込んだときとか

Q

このままシングルでいいのか悩んでいます

52歳・会社員

独身ですが、結婚したほうがいいのか、このままシングルがいいのか悩んでいます。私は、自分が好きでないと、いくら男性から好きだと言われても心が動きません。でも、これから大好きな人を見つけるのは大変だし、出会いのチャンスもありません。コロナ禍で、一人が寂しいと感じました。ご意見をお聞かせください。

A

カブトムシを誘うクヌギのように

◉自分の希望を世界に向けて発信しましょう

カブトムシは、なぜクヌギやコナラを見つけられるか。それは木が出している樹液の匂いを嗅ぎ分けられるからです。

人間も同じこと。お便りから推測するに、あなたも「結婚したほうがいいかも」と薄々感じているようです。それなら、あなたのその希望を積極的に世界に発信してください。

学校とか会社とか、たくさん人が集まる場に身を置いている人のほうが出会いの機会が多いように見えますが、それはあくまで俯瞰《ふかん》で見た時のお話。出会いの数が少なくても、人は出会うべき相手に出会っちゃうものなんです。

あなたは「自分が好きな人じゃないと心が動かない」と決めつけていますが、これから出会う相手から告白されて、初めて心が動いてしまって結婚する、という結果になる可能性だってあります。自分の「パターン」が理解できているのは素晴らしいことですが、今までこのパターンだったからといって、これからも同じ、とは限りませんよ。

◉結婚は出会いから派生した「事故」

では、出会った相手とどうすれば結婚まで行きつけるのか。結婚というのは、出会いから派生した「事故」に過ぎません。なんで夫婦でいるのか、なんでこの女に決めたのか、本当のところは誰にも説明できませんよ。これまでの人生、あなたは事故らないように生きてこられて、それはそれで立派なことです。でも、こと男女関係については、事故の多い場所に飛び込んでいかなければ何も起きない。そのかわり、飛び込んでさえいけば「けがの功名」みたいなことがきっと起こります。特定の男女がなぜ惹かれ合うかはまだ科学でも解明されていないけれど、俺は、人間にとっても「樹液」とか「匂い」みたいなものはあると思っています。だから、まずはあなたの樹液でカブトムシを誘ってみてください。カブトムシがダメだったら、クワガタもいるしね！

Q

寂しいときはどうしたら？

寂しいときは何をしたらよいでしょうか。

41歳・会社員

A

寝ます

寝ます。（笑）

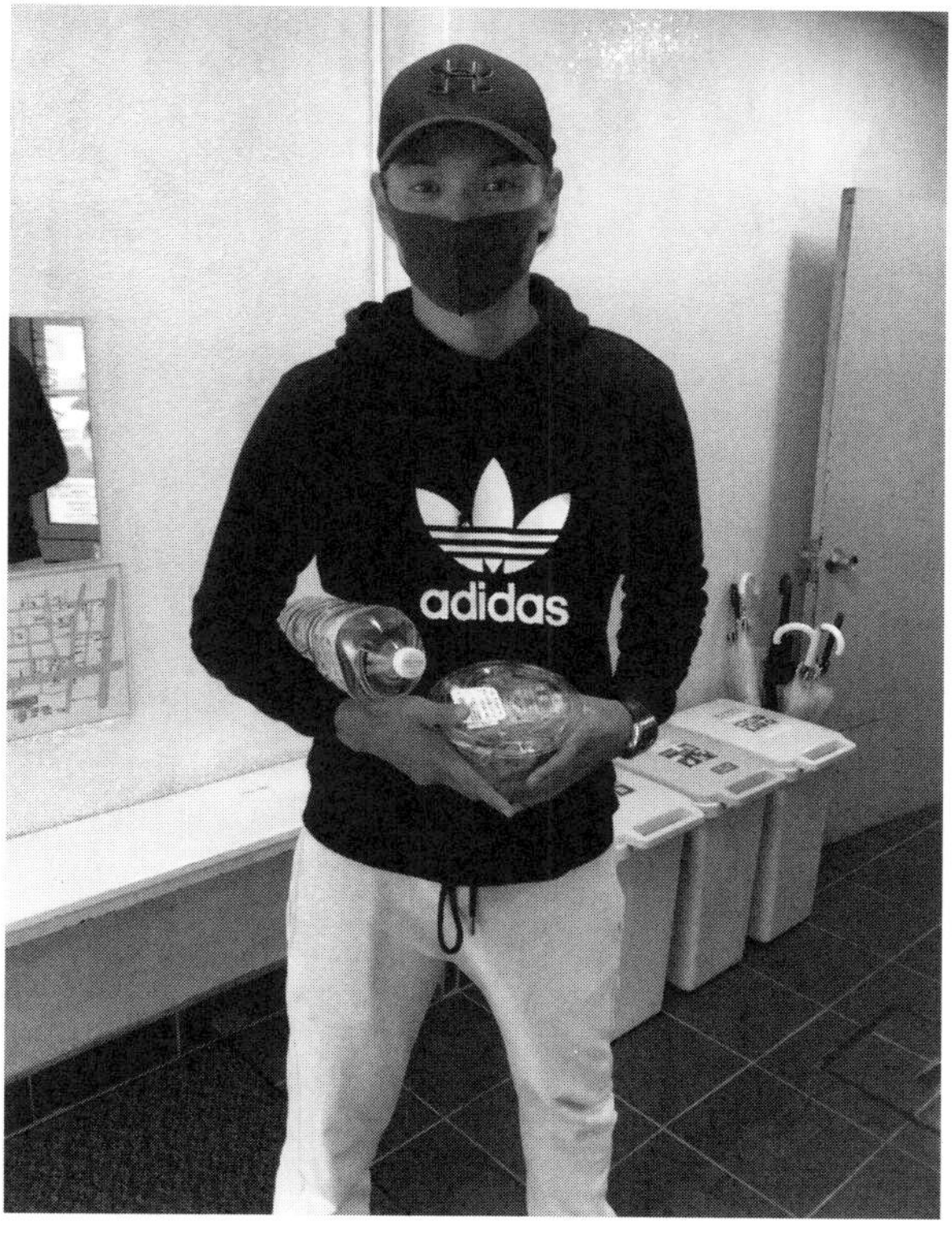
adidas

朝だろうが昼だろうが夜だろうが、本当に寂しいときはすぐ寝てしまいます。起きていたり、生きていたりすることが寂しくてたまらなくなるから。「家族の皆さん、日本の皆さん、さようなら。ワタクシ、お先にあしたへ向かいます」。

おやすみなさい。

Q

幸せを感じられません。世の中は不公平です

39歳・会社員

昔から自分でも呆《あき》れてしまうほどネガティブな性格です。物事を良い方向に考えられません。実際、私の人生には幸せを感じるような出来事は起こっていません。

「人は生まれる時にスプーン一杯の幸せをもらってくる。その幸せを少しずつ使う人もい

れば、一気に使ってしまう人もいる。でもトータルで見れば、みんな平等!」という話がありますが、到底そうとは思えません。ずっと楽しい人生を送れる人もいれば、苦労続きの人もいる。絶対に不公平だ! とついつい思ってしまうのです。暗い私にアドバイスをください。

A

やった者勝ち。最終的には「平等」です

◉他人の話は右から左に流しましょう

ネガティブだろうがポジティブだろうが、他人の芝生が青く見えたり、感情や思考が袋小路に迷い込みがちだったり、現実を直視できなかったりする方は、自分の目で確かめて判断する癖を身につけ、生涯にわたって見聞を広めていく術を会得すると、劇的に生きや

すくなると思います。親や学校、ニュースや本などから見聞きしたことをすべて鵜呑みにするのも、私から言わせれば考えモノで、右から左へ、で十分です。よほど心に刺さったもの以外はすべて捨てて善し。この取捨選択のために、生涯アンテナを下ろさず、行動し続けてほしいのです。本来は自分の目で確かめていただきたいのですが、なかなかできることではないですから（39歳やろ。しっかりせい。人のせいにすな。ほとんどあなたの勘違いです！　自分改革に本気なら、ここも楽々突き破れ！）。

人間は透明人間みたいなものなんです。自分だからこそ自分がわからない。口の臭さは主知らず、です。あらゆる環境に己を晒《さら》して雨風に打たれ、時には卵や絵の具を浴びせられ、わずかな輪郭を現す。「そうか！　これが私なのかもしれない！」。これが肝心。

無常観やあまりの衝撃に心が固まって消えてしまいそうになることもあるかもしれない。でも、そうして心が多様な色彩や形を成すことで、今度は自分の内側からまたわずかな輪郭を現す。このように己を晒していくことでしか、自分を摑《つか》むことはできません。一歩一歩、強く優しくなること。他者を思い寄り添うこと。

◉不公平と思うなら努力でひっくり返せ

それぞれの立場や境遇にも、必ず痛みがある。それに世の中、不公平なのは当たり前なのに、なんで不公平だと叫ぶのか。不公平だ、不平等だと思うなら努力でひっくり返せ。金がないなら人一倍働け。

やった者勝ちですから最終的には平等だよ。

Q

70歳。「バーバ」で申し訳ないのですが

70歳・主婦

70歳です。ある歌手の方のファンになってしまいました。ファンになって私は幸せです

が、心の奥で「こんなバーバで申し訳ない」という思いがぬぐい切れなくて切ないです。どうすればこの劣等感を払拭できるでしょうか。

A

自分を「バーバ」というその気持ちが愛おしいです

◉「バーバ」の魅力は柔らかさ

いやあ、「こんなバーバで申し訳ない」という態度が愛《いと》おしいです。純烈は「ババアでOKだよ」と言っているのに、こういう人がすごく多い。撮影会でよく言われるもん、「ババアでスミマセン」って。きっと、ある年齢以上の人が思ってしまいがちなことなんだろうね。

ババアっていいんですけどね。ババアってなんか柔らかいんですよ。握手しても一緒に写真撮って腕組んだりバックハグしたりして触れると、若者にはない柔らかさがある。逆に言うと張りがないってことかもしれないけど、俺はこれは女性の素晴らしさの一つだと思っています。

◉女性は「下山」の評価が低いです

女性は、山登りで頂上にたどり着いた後の下山の評価が自他ともに低いですね。すぐに「もうおバアさんだし」「シワくちゃだし」とか卑下しちゃう。年配の女性をババア呼ばわりする世間の低評価というのは、実は男性からではなく、このように女性の側から発信されている気がします。これは日本女性すべてに気づいていただきたい。オトコはそれに乗っかっているだけなんです。

そうして「若くないとダメだ」という強迫観念を植え付けたうえで、今度は雑誌とかが「このコスメがいい」とか「このシャワーヘッドを使うとお肌がぴちぴちに」とかオススメしてきて、女性はどんどん搾取されるような仕組みになっている。一方で女性には買い物したいという本能的な欲求があるでしょう？　それらがうまく合致した結果、搾取のはずが、欲求の解消になり、ウィンウィンの関係みたいになってしまう。これが恐ろしいところですよ。卑下して貶《おとし》められた揚げ句、納得して買い物して満足！　というところに落とし込まれていくんだから。

◉純烈は皆様に生かされています

右肩上がりがよしとされる経済大国で育った女子たちは、山下りというのが耐えられないし、山下りでも金を使うのが若さとエネルギーの証みたいになっているのでしょう。そして、そんな皆さんに純烈は生かされているとも思っています。

それにしても、この世代はいつまでも若いよね。下山しているようでなかなか下山しない。ふと見ると「もっと高い山へ」とまた上っていく。すげえんだよ。90代、80代、70代、60代の人たちは、また高い山に登って「ヤッホー」とか言っている。死んでたまるか、という精神でしょうね。素晴らしいとしか言いようがありません。（笑）

俺？　俺らの世代はたぶんそこまでは頑張れない。俺は何もせず、麓《ふもと》から皆さんに手を振っていようと思います。（笑）

Q

決断力がなさ過ぎて困っています

43歳・パート

決断力がなさ過ぎて困っています。日常の些細なことさえ決断できず、たとえば外食の時にもメニューを見たまま、何を食べるかなかなか決められません。何かを決めないといけないときに何時間も悩み続けることもしばしば。酒井さんは何かを決断しないといけないとき、何を優先して決断していますか？

A

決断力って、そんなに大事じゃないです

◉私の決断力は災害レベルでないと発動しません

決断力って生きていくのに必要ですかね？

私は決断力があるように見えていると思うんですけど、実は何一つ決断せず、ダラダラと生きているだけなんですよ。

決断という重いものでなくて、わたくしが日々しているのは取捨選択。来年の純烈はこういう作家さんにこういう曲を書いてもらってこういう方向で、とかこういうスケジューリングで、とか。そういうのは決断というより選択している気がします。そしてその選択に至るまでには自分一人じゃなく周りの意見を聞いているので、あんまり自分で決めてる感覚がないんですよ。

「決断」というほど重い決定をしたのは、右足を骨折して「さあこれからどうする？」ってなった時と、メンバーが辞めた記者会見の時とか、そのくらいしか思い当たらない。つまり、私の場合、決断力というのは災害レベルのことが起きないと発動しないんですよ。メニューを前に一時間くらい悩む？　最高じゃないですか。そういう時間があるということだもの。

◉ぼーっと悩む時間こそ贅沢です

仕事がなくてニートだった時に、東京競馬場の近くの「菩提樹」という喫茶店によく行ってました。サラリーマンをリタイアされたご夫婦がやっている店で、スピーカーなどの音響にすごくこだわっていた。平日の昼間だと客は僕一人。皆さん働いてますからね。ニートだか引きこもりだかわからない、冴《さ》えない格好をした俺にマスターが「人間にとって最高の贅沢《ぜいたく》は鑑賞ですよね」って話しかけてきたの。要は、音楽を聴くとかコーヒーを楽しんで飲むとか、これが世の中の一番の贅沢だと。

俺はその通りだなと思っていて、あの贅沢だった23歳の時の生活に戻りたいという思いで、今、純烈をやっているの。いつかまたあの鑑賞の世界に戻って、ぼーっとして死んでやろうというのが今の俺の希望なわけです。

ぼーっと悩む贅沢な時間なんて、人生の中でもそんなに長く取れないんだよ。メニューを見て一時間迷うなんてことは忙しくなったらできないし、あるいはお金が全然なかったら必然的にコレしかないということになるから、やっぱりできない。迷っているあなたは今、世の中の人の夢を体験しているわけですよ。

決断力なんて生きていく上ではそんなに必要なものじゃありません。「決断力」みたいな本を書いているやつがいるとしたら、それはそいつが儲《もう》けたいから言っているだけだ。大事なのは、むしろ運です。決断しようがしまいが運がよければ、出会いもあるし生き残れるんだから。

◉人間、とにかく笑っておけ

そして、運が転がり込んでくる一番の方法は、もう年がら年中笑っていることです。つらい時ほど笑っとけ。わからない時も笑っとけ。ましてや人に初めて会う時なんて絶対に笑っとけ。純烈のメンバーにいつもアドバイスしていることです。笑っておけば大概のことはなんとかなるし、運も転がり込んでくる。だから、決断よりも、とにかくいつも笑っとけ。

Q 話がうまくなりたいです

45歳

酒井さんは、とても柔らかな感じにお話しされます。しかも、分かりやすく。私は話が下手で、会社でも自分が思うことをうまく伝えられなくて困っています。自分を守りつつ、的確に話せる自分になりたいです。どのように行動していけばリーダーみたいになれますか？

A

音符より休符。「間」を大切に

◉休符さえ守れば歌だって上手く聞こえます

会話で一番大事なのは、「間」です。しゃべった言葉の間にある、音のない部分です。音楽でいうなら休符、絵画なら色の塗られていない部分が一番大事だと俺は思っています。実際、歌だってリズムや音階が正確ということより、断然、休符が大事。楽譜に書かれた休符をきっちり守って歌うだけで、うまく聞こえるんです。

テレビの中でも日常でも、話が上手いなと思う人は、みんなこの会話の休符の使い方がうまい。だから、間の使い方さえマスターすれば会話はうまくなるし、それが定着すれば、自ずと自分なりの話術が身についてくるんですよ。たとえば、アナウンサーなら「夜空には満天の星が輝いていました」と一文で表現するところを、明石家さんまさんや笑福亭鶴瓶さんなら「ほら、昨日の晩のさあ、ほらあるやろ？　もうぶわーっと。空がぶわーって。もう星だらけやった」と会話みたいにして、表現する。人の数だけいろいろな話術ってあるんですよ。

◉「ブタ」「死ね」飛び交うトークバトルで鍛えられた

俺の場合、トーク力が鍛えられたのは、間違いなく幼い頃から切れ目なく続けてきた母親とのスパーリングのおかげです。笑ったり怒ったり喜怒哀楽の弾丸トークが24時間止まらない環境で生きてきました。母親への朝の挨拶が「おお、ブタ、まだ生きてんのか」なんだけれど、お金が欲しい時だけは「ねえ〜、オードリー・ヘプバーンさま、お金ちょうだい〜」とかになる。母親も「は！　誰がオードリー・ヘプバーンやねん。そういう時ばっかり言いやがって。誰がやるか、お前に金なんか！」とバッサリ切り捨ててくる。そんな丁々発止の掛け合いが、一日中止まらないのが酒井家でした。

オリンピックに出るようなアスリートというのは3歳くらいから毎日10時間以上の練習

をして、その練習時間の総計でメダルの色が決まるとも言われているそうです。それに例えるなら、俺の会話の練習時間は金メダル級と言えると思います。

◉群れから出てピンスポットの中へ

誰に伝えたいかを理解して話すことも大事です。相手がひとりなのか、10人なのか。目の前にいるのか、離れた場所にいるのか。聞き手の環境を考えて、相手が最も聞きやすくて自分が最も伝えやすい「距離」を探す。「人間」という文字のように、「間《ま》」というのは人と人の間の距離のこと。勝てる組手でやらないと伝わりません。

そして、とにかく焦らず堂々と話すこと。「話すのが怖い」と群れの中に隠れて発信していると、結局、場にのまれちゃう。舞台の上で自分一人にピンスポットが当たっているような孤独な感じを引き受けられれば、あなたの言葉は必ず届きます。

Q

ステキ女子になりたいのに、中身はババアの私です

25歳・フリーター

好きなアイドルのコンサートに行くために必死に働き、たまの休みには友達とパンケーキを食べに行く。いつか素敵な男性と幸せな家庭を築くために、女子力向上のための努力も惜しまない――。

そんな未来を思い描いていたのに、現実……。家を出てイヤホンを耳に入れると流れてくる純烈の曲。たまの休みに友達とカラオケに行って、歌うは昭和歌謡。韓流ドラマを見ながらそのまま眠りにつく日々。

まるで25歳の皮をかぶったババアのような私を周りはどう思っているのかと、いつも不安になります。酒井さんは、娘さんがこんな25歳になってしまったらどう思いますか？

A

女子校的な妄想を捨てないと、いい男にたどり着けません

◉演歌、韓流好きは称賛に値する「飛び級」です

本人には内緒にしていただきたいのですが、中学生のわたくしの娘は、すでにあなたのように育っております。もうすっかりオバサンです。よく言えば、自分の趣味、自分の世界がしっかりしているね。

あなたの思い描く「ステキ女子像」には、女子が勝手に思い描く女子校チックな妄想が多分にあります。オトコについて妄想としか言いようのない夢ばかりを膨らませてしまっている女子高生と同じ匂いがする！　別にいいんですけどね。そのままだと、いい男にたどり着かないんですよ。今のままでは選んで選んで変な男にひっかかるパターンに行きつく可能性が濃厚です。

そんなあなたなのに、その年齢で、演歌と韓流ドラマにたどり着いたというのは、むしろ素晴らしいことで称賛に値します。中学生なのに大学を卒業しちゃった、みたいなギフテッド臭すらする。世の中がいくら「鬼滅の刃」で大騒ぎしていても、結局最後に生き残るのは俺は韓流ドラマだと思うね。

◉変わっているからこそ、「運命の人」が見つかりやすいんです

あなたの、飛び級をしてしまったようないびつさ、独特さは、一般的じゃない分、そこにピタリとハマる人が飛び込んでくれれば、もう選ぶ必要がなくなります。群衆の中から頑張って見分けなくてはならない「一人」ではなく、見た瞬間に「あなたしかいない」とわかる運命の人だけが、そんなあなたのところには飛び込んでくるはずです。

これでも褒めてます（笑）。自信持っていきましょう。

Q

衝動買いをやめられません

衝動買いが激しいことが悩みです。欲しいものがあるとすぐに買ってしまうのです。どうしたらよいでしょうか。

49歳・会社員

A

「人のための衝動買い」ができるといいですね

◉俺は家族のために「ダイソン」を買った!

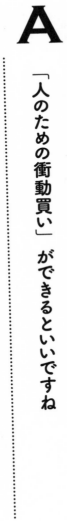

いいんじゃないの？　衝動買い。

俺も衝動買いばっかりよ。ヨメとの結婚も衝動に近いし、衝動、衝動、言うならば、人生全部衝動で生きてきた。趣味の競馬がそもそも衝動買いばっかりで、いいと思った馬にこれまで大枚をつぎ込んでまいりました。

でも、同じ衝動買いでも最近ちょっと変わってきて、人のための衝動買いができるようになってきたんだよね。この間も給料が入って、自分としては10万円の炊飯器を買いたいという衝動があったの。そんな炊飯器、どんなコメが炊けるんだろうっていう興味と、家族のために何かしてあげたい、という思いがあって。勝手に買うと怒られるから奥さんに電話して「あのさ、俺、10万円の炊飯器を買いたいんですけど」と言ったら、「絶対いらない。もう今あるので十分！」と即、却下された。

でも、なんか買いてえんだよ、という気持ちが収まらなくて、「何が足りないか」と聞いたら「掃除機が壊れている」と言われた。そこで、ヤマダ電機の掃除機コーナーに行っていろいろと見ているうちにダイソンに行きついた。ダイソンはこれまで我が家で使っていた掃除機と比べて破格に高いんだけど、「ダイソンがうちに来たら、子どもも喜んで掃除とか手伝うようになるかな」と。嫁にまた電話したら「うぉっ、ダイソン‼」と喜んでる。それなら、と「松竹梅」とある中で一番いい「松」のダイソンを家族のために衝動買いした。10万円くらいしたかな。

競馬も以前は、単純に自分がいいと思った馬の馬券を買うだけで、勝っても負けても気持ちは満たされていたんだけど、ちょっと変わってきましたね。先日もマネジャーやスタッフ全員に一万円ずつプレゼントしたいと思ったのよ。そうなると衝動買いじゃなく、いろいろ予想するわけです。そうしたら、リモートでやるようになってからこれまでで一番当たって、本当にその場にいたスタッフ全員に一万円ずつ配ることができた。なんていうか、人のためにやった時のほうが自分の力は生かせるものなんだなって思いました。

だから、あなたも衝動買いをしたい自分というのはキープしておいて、誰かに衝動買いをプレゼントできるようになってくると、世界が変わると思います。

Q

Gの災難が続いた私。40代のGで始まるキーワードを！

41歳・会社員

20代のブラジル旅行で強盗にあってガン（拳銃）を頭に突き付けられ、30代でガン（癌）が見つかり手術をし、40代では何がやってくるかドキドキしています。友人に助けられピストルに撃たれる前に逃げることができたり、がんもステージ1で発見され命が助かりました。生きるチャンスをもらったと思っていて、生きているだけで幸せです。

私の40代がどんな人生になるのか、次にやってくる「G」で始まるキーワードは何なのか。ひらめきましたら教えてください。

A

うーん。後上、いかがですか

「G」で始まるワードですか。
後上、いかがでしょうか。（笑）
あとは「元気」ね。もっとも俺がここで言わなくても、あなたはこれからもより元気になっていくんじゃないかな。

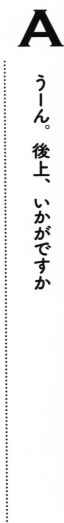

第四章
病気とかダイエットとか

Q

がん患者の私を好きになってくれる人なんているのでしょうか

41歳・会社員

3年前にがんの告知を受け、身体に手術痕が残っています。ステージ1で見つかってラッキーだったし、術後3年目の検査には無事「合格」。転移しやすいから要注意と言われた3年目を乗り越えることができました。これも純烈ライブでたくさん笑ったおかげだと感謝しています。

これまでは先のことを何も考えず、流れにまかせて一人でボーッと生きてきましたが、最近、長い独り暮らしが寂しくなってきました。私は、一度も結婚したことがない「ヤバイやつ」です。こんな人生半分諦めているような状態の私のことを、これから好きになってくれる人なんて、この世界にいるのでしょうか。がん患者にも夢があります。子どもが4、5人はほしい、とも思っています。夢を叶える方法をアドバイスしてください。

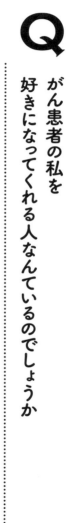

A

今すぐ街にナンパに出かけましょう。ああ、種だけなら、わたくしが……

◉夢を叶える方法は絶望を味わうこと

まずは、3年目を乗り越えておめでとう！

激動の30代後半だったろうし、夢すら持てないような真っ暗闇をあなたは3年間味わってきたと思います。

俺は、あなたの夢は叶うと思う。なぜなら夢を叶える方法とは、絶望を味わうことだと思っているから。「もうこの夢を諦めるしかないのか」という絶望感や、夢が目の前でぱっと消えるような闇の瞬間を味わった後のほうが、希望の光の輝きを見ることができるようになる。光の方向に進んでいけば、これまでとは全く違う新しい人生が広がっているはずなんだ。

◉暗闇の中から生まれた純烈

自分は32歳の時に「クラッシャーカズヨシ」という自主制作映画の撮影中に高さ1メートルほどの段から飛び降り、右足首を複雑骨折しました。俺は子どもの頃から「飛び降りたい」と思うと3階からでも飛び降りちゃうタイプだったから骨折経験も多く、鼻2回、指3回、足首4回、大腿部1回と折りまくってる（笑）。でも、この時ばかりはちょっと感じが違いました。搬送先の病院での医者の診断は「手術をしても今までのように歩けるかわからない」というものだった。

え、歩けなくなる――？　車いすや松葉杖が常に必要な体になったら、役者は続けられない。なんだかんだ言って10歳の時から続いている俺の唯一の仕事だから、さすがに視界が真っ暗に、というか目の前にシャッターが下りてきたみたいな感じだった。だけど、ベッドの脇を見ると、自分の子どもがいて奥さんが立っている。離婚はしたくないし、子どもと離れたくもない。じゃあ絶望している場合じゃない。役者が無理でも俺は生きている。

「このまま終わってたまるかよ！」

ベッドの上で考え続けました。「歩けない、歩けない、さあどうする、さあどうする」。自問自答していると、自分の中から余計なものがそぎ落とされていって、本当に大事なものだけが残るんだよね。モルヒネを打たれて終始ふわーっとした感覚だったのも奏功したかもしれない。

何度も話したことだけど、夢の中に前川清さんが出てきました。何度も何度も。「どうしよう、どうしよう」↓前川さん↓「どうする、どうする」↓前川さん↓「さあどうする」↓前川さん、みたいな感じ（笑）。「歩けなくなるかも」から「前川さんは歩き回らなくても歌で人を幸せにしている」というところに結びついたのかな、と最近は思ってます。いずれにしろ、それが純烈結成へとつながっていく。そして時間はかかったけれど紅白出場という夢も叶えることができた。

もちろん、俺のジャンプは俺の自業自得で、あなたの病気はあなたが選んだわけじゃない。だから同じ経験とは言わないけど、俺も俺なりの暗闇から這《は》い上がってきたんですよ。

◉病床は幸せへのスタート地点だ

「けがの功名」とか「ピンチはチャンス」とかいろいろな言葉を先人が残していますよね。それは本当のことだから今も残っているんですよ、きっと。

だから、あなたの第一希望の夢は必ず叶うはずです。がんになって3年たって生かされているのは、その夢を叶えるためなんですよ！

「がん患者だから……」と言われますが、人間、遅かれ早かれ年をとれば何らかの病気になったり大きな怪我《けが》をしたりするもの。傷跡だって愛は乗り越えてしまうんですよ。一発ヤルだけなら気になるかもしれないけれど、結婚するとか人を好きになるのには、一切関係ないからね。「一度も結婚したことないヤバイ奴」だって？　それを言い出したら俺の周りは結婚していようがいまいが、ヤバい奴ばっかりだ（笑）。全部問題ないよ。

人生のシャッターはそう簡単には閉じません。病気のベッドの上は、幸せへのスタート地点です。子どもだってきっと産めるよ！　白川のお母さんが裕二郎を産んだのもそのくらいの歳だよ！　五つ子を産めば、もう5人の子持ちだよ！　とにかく、リスクばかり考えていると、余計なブレーキがかかって前に進めなくなっちゃうよ。

俺としては、あなたには今すぐ街にナンパに出かけていただきたいです。子どもが欲しいなら、出会いは早ければ早いほどいいと思うから。

あ、種だけなら、わたくし酒井が。(笑)

Q 余命3年の私。10歳年下の夫に何をしてあげられますか?

55歳・会社役員

純烈のファンになって早3年。コロナ禍でライブも2ショット撮影会も中止になり落ち込んでいたら、なんという仕打ちか、がんと診断されてしまいました。子宮体がん特殊型で余命約3年、助かる見込みは1%だそうです。えーん。でも、純烈の2ショット撮影会にもう1回参加するまでは死ねない！

それに一番心配なのは10歳下の夫のこと。子どもができずに諦めたものの、二人で楽しく人生を過ごしていたのに。抗がん剤の副作用がひどく、正直身体もキツいです。夫があれこれやってくれても、自分のことでいっぱいいっぱいになってしまい、罪悪感に襲われています。

セックスもできず、夫の性欲も満足させてあげられない。酒井さんがこういう状況になったらパートナーに何をしてあげますか。

A

愛する人と今できることをめいっぱいしよう！

◉半月後、一か月後、あと毎日できることも！

俺も同じような立場になったら一番に奥さんのことを考えるよ。

夫さんはきっとあなたが思う以上にあなたのことを想い、考え、泣いてくれているんだと感じます。あなたはこの相談の場でも「えーん」と明るく振る舞ってくれるような人。だからこそ、自分が大変な時でも罪悪感を覚えてしまうんだと思います。病気の事実を受け入れながら、あなたは夫さんのことをめいっぱい想い続けている。すべては、あなた方ご夫婦にお互いを思いやる愛がある証拠ですよ。

何に対しても「めいっぱいやること」を心がけたいけれど、実際にはなかなかできることじゃない。本当に毎日めいっぱい、やりたいことをやったら、きっと身が持たないしね。

でも、こういう状況になったのだから、今しかできないこと、そしてやりたいことを夫さんと決めてください。半月後、一か月後、あと毎日できることも。そしてそれを「これでもか」というくらい、めいっぱいやってください。悔いの無いように精いっぱい関わり合うのが大切です。

俺だったら、奥さんとの写真が少ないから、「毎日写真撮ろう」って言い出すかもしれない。「そんな人だったの⁉」と家族にバレちゃうかもしれないけど（笑）。あなたはどうだろう？

◉鎧を脱いで、弱さもつらさもさらけ出そう

あなたは、これまでパワフルに明るく頑張ってきて、どんな時にも弱い自分を周囲に見せずに生きてきたんでしょう。人の上に立つタイプの人で、夫さんより、人として一枚も二枚も上手。夫さんに引っ張ってもらっているような芝居も打ちながら、母のように大きな愛で夫さんを包み込んであげてきたことでしょう。

もう、その鎧《よろい》は脱いでいいよ。強さを解除して、弱い自分をさらけ出してください。も

っともっと毎日泣いて、のたうち回って、夫さんにわがまま放題に接してください。夫さんと俺はほぼ同い年。俺が夫さんの立場なら、そうしてほしい。だって、そうしてくれないと、こちらは何もできないじゃない？　「痛い」と言ってくれれば撫《な》でてあげたり手を握ったりしてあげられるけど、あなたが歯を食いしばって我慢していたら、こっちも歯を食いしばってただ見ているしかできない。それは、夫さんもつらいはずだ。

セックスのこと、一人で悩まず本音をぶつけて相談してください。医者がダメだといっても、俺なら「関係ねえよ、やろうぜ」とか言い出すかもしれない。今だからできる触れ合いだってあるかもしれない。身体を起こすのは心だし、反対に心を起こすのは身体なんだ。夫さんもこの病気を治すためのエネルギーをあなたに送ってくれるお医者さんの一人なんだよ。

◉諦めるなよ！　純烈も待ってるから

実際、がんになって、純烈の撮影会で「もうダメかもしれない」と泣きながら帰って行ったお客さんで元気にカムバックした人はたくさんいます。「もうここから先はもらった命だから」といって、おとなしかった人の性格が一変する様を、僕はステージの上からいっぱい見てきました。だから、奇跡はきっと起きると信じています。

何よりも、諦めるなよ！　純烈も待ってるからさ！　たとえ可能性が1％でも、あなたが前人未到の最初の人かもしれない！　そして、愛する人とやりたいことを「めいっぱい」ですよ！

Q 不注意で右目を失明。不安に押し潰されそうです

60歳

以前は仕事をして、大好きな純烈のコンサートに行くなど遊びまくっていた私ですが、先日、不注意から右目を眼球破裂で失明してしまいました。それだけでなく、細菌性眼内

炎で見えるほうの眼がいつ見えなくなるかわからないと、医者から告知されてしまいました。

毎朝起きる時に、もしかしたら見えないんじゃないか、と不安な日々を過ごしています。世の中もっと辛い毎日を送っている人もいるのだから、自分は頑張らないといけないと思ってはいますが、叫びたくなるほどの不安に押し潰されそうです。私は、この先どうしたら良いのでしょうか。

A 「タラレバ」と「なぜなぜ軍団」に負けないで

◉「お手本」を見つけて生き方を学ぼう

目が見えなくなるというのは本当に大変なことだけれど、もう腹くくるしかないよな。

自分が与えられた「右目がもう見えない」という条件の中でどうやって生きていくか、その方法を一刻も早く見つけてください。右目が見えなくても上手に生きている人とか、もともと目が見えない人を探して、その生き方を知ることが最初のステップになるはずです。きっとそういう方々は生き生きと仕事をされたり、自分の役目を果たされたりして、驚くほど前向きに生きている。それがあなたにとって相当な教材になると思う。そういう人たちから学んで、その生き方に自分を近づけていくんです。

そして、できるだけ早く自分を支えてくれる言葉や、目標を見つけ出してください。不思議なもので、人間はいい意味で馬鹿な生き物だから、目標が定まれば生きる勇気や希望が勝手に湧いて来ちゃうんですよ。そして、そんなあなたを誰かが見ていて、またそれが新たな希望やパワーになっていくんです。

◉「タラレバ」と「なぜなぜ軍団」に気をつけろ

一番ダメなのは、「もしあの時こうしていたら」「なぜ私だけがこんな目にあうの」という「タラレバ」と「なぜ」のループに入り込んでしまうこと。歌謡曲の世界では、この

「なぜ」「なんで」はヒット曲の鉄板パターン。「なんでこんな男に」「なぜ出会ってしまったの」みたいな歌だらけです。これは、みんな立ち止まって自問自答を繰り返しているほうが楽だからだと俺は思う。みんなが聞きたいことを歌っているから流行るんだ。だけど、本気で前に進んでいきたいなら「なぜ」を連発してる場合じゃないよね。もし今あなたが、少しでも「なんで?」と思っているとしたら、すぐに考え方を変えようよ。

「なんで?」と、いくら言ってみたって、人は病気になるし、怪我するし、交通事故にもあうんですよ。そして、いくら「なんで?」と問い続けたって、時間がもとに戻ることはない。先人の言葉を借りるなら「覆水盆に返らず」です。

俺だって、いつ死ぬかわからないし、ツアーで家を空けている間に子どもが殺されて二度と会えなくなる可能性だってなくはない。毎日、最悪のことが起こる可能性はあると思って生きてるよ。そんな世界にあって、自分だけが病気にもならないし事故にもあわないと思い込んでいる人がいるとしたら、そっちのほうがどうかしてると思っている。

◉世の中の流行は、俺の生き方には関係ない

純烈も「なんで健康センターなの？　もっとテレビに出ればいいのに」と言われ続けてきた。今の自分は「なんでそんなに太っているの？」「なぜ痩せないの？　昔はかっこよかったのに」と言われるけれど、大きなお世話だ（笑）。「なんで？」の裏にある「もっとこうしたほうがいいはず」というスタイルは、世の中全体の流行にすぎなくて、一人一人の生き方には一切関係ないことなんですよ。「なぜなぜ軍団」は心地いいかもしれない。だけどそこに明日はない。「なぜ」は過去にじゃなく、未来を今日より良くするために使わなきゃダメな言葉なんです。

◉「私なんてダメだ、ダメだ」と叫びながら、飛び込もう！

心がけてほしいのは、自分の決定的な欠点や弱点を正確に理解したうえで、そんな自分をさらけ出し、「私なんてダメだ、ダメだ！」と叫びながら、それでも人の輪に飛び込んでいくことです。人は、どうせ生きているだけで誰かに迷惑をかけてしまう生き物なんだ

から、お互い「迷惑の物々交換」をしていくしかない。自分が右目が見えなくて迷惑をかけるかわりに、あなたも誰かの迷惑をフォローしてあげればいいんです。

恥は隠そうとするから、恥なんです。

今は不安な気持ちを叫んでください。あなたの中の不安や恐怖を叫んで叫んで、吐き出して。そして叫び疲れたら、新たな一歩を踏み出せばいいんです。

Q この年になって発達障害の診断を受け、不安でたまりません

56歳・作業所勤務

6年前に心療内科で「アスペルガー症候群」と診断されて、発達障害だとわかりました。5年前から就労継続支援B型の作業所に通っていますが、この年になって発達障害者とし

ての人生を生きることに、不安を感じる毎日です。コミュニケーションが苦手なため、家族から「頭がおかしい」だの「変わっている」だのと罵られてきた私は、今でもまだ自分を生かせる道が見つかりません。

A

同じ病気の人で「お手本」を見つけよう

◉世の中には温かい人もいっぱいいますよ

今まで本当に大変でしたね。つらかったですね。もしあなたが今、10代だったら、発達障害についての研究や理解も進んでいるから、もうちょっと生きやすかったと思うんですよ。きっとあなたは今まで周囲から心無いことを言われても耐えながら生きてこられたのでしょう。そして50代になって、発達障害と診断されて、自身のハンディとも向き合わなければならなくなった。そのつらさは、想像がつかないくらい大変なことだと思います。あなたには、同じハンディを背負って前向きに生きている人たちの中から、「この人みたいになりたい」「この人のような道を歩みたい」という、良き前例を見つけてもらいたい。その中から、自分に合っていること、合わないことの取捨選択をしてみるのがいいと思います。

本当に苦しかっただろうなあ。変わっていると言われても、自分でも何が原因かわからなかったと思うから……。

簡単ではないと思うけれど、そういうハンディとうまく付き合いながら生きてほしいです。周囲の人にも自分はそういう障害があるんだと伝えたほうがいいと俺は思います。今は、それで差別される時代じゃないし、言わないと周りの人はなぜあなたがコミュニケーションが苦手なのかわからないから。

世の中って冷たく厳しい部分もあるけれど、思った以上に優しくて温かい人もいっぱいいるよ。だから、あなたは問題を一人で抱え込まずに、できるだけ温かい人とたくさん出会って、助け助けられ、支え合いながら進んでいってください。応援してますよ！

Q

貧乳です。男性は胸の大きな女性が好きなのでしょうか

40歳・パート

私は大変な貧乳です。豊胸手術も考えました。でも、拒食症に間違えられるほどガリガリに痩せているので、胸だけ大きくしてもアンバランスになってしまうと思います。術後の後遺症も怖いです。アニメの女性キャラや雑誌のグラビアアイドルは、巨乳ばかりです。やはり男性は、胸の大きな女性が好きなのでしょうか。

A

わたしはたくさんの貧乳の方々と試合をしてまいりました

◉もっといろいろな男性と「試合」をしましょう

断言します。違います。

もちろん、胸の大きい女性が好きな男性もたくさんいますが、胸が小さくて、男と見まがうようなガリガリが好きな男性もたくさんいます。中にはガリガリで胸だけ大きいというアンバランスな身体を好む人もいますけれど、あなたが術後の後遺症を怖いと思っているなら、無理して豊胸手術をすることはないでしょう。

ちなみに、私は大変な貧乳の方とこれまでたくさんの「試合」をしてきました。その経験から申し上げるなら、大切なのは、胸の大小ではなく、乳首でありその感度です。胸の大小には好みの差があっても、「ノーリアクションの女性が好き」という男性は、おそらくほとんどいません。

◉他人の評価ではなく、自己完結しちゃもったいない！

あなたは、もっといろいろな男性とふれあって、いろいろな意見を聞くべきです。そうすれば「あれ、私って胸の大きさに自信がなかったけれど、感度はいいみたい。じゃ、これでいいか」とか考えが変わるはずなんです。たぶん、この方は「試合」数も少なく、自己評価だけで「胸がない」と悩んでいます。自分をさらけ出して、他人の評価を受けてみれば、本当の自分がわかってきます。ほとんどの人の悩みって、この人と同じように、人とふれあわずに自己完結したままでの悩みなんですよ。

世界は広いです。いろいろな人と試合をして感度を磨いてください。そして、この土地では小さい胸は受けないなと思ったら、ほかの土地に行けばいいだけの話です。

Q

50代でもできるダイエットを知りたい！

57歳・主婦

コロナ禍の外出自粛で体重が大幅にアップしました。いろいろなダイエットにも挑戦しましたが、結果が思わしくありません。私の年代でも効果があるダイエットを知りませんか？よろしくお願いします。

A

「太った」と嘆くのは、女の愛らしい「しぐさ」のうち

あなたが本気なら断食道場をオススメします。人間、食べなきゃ痩せるんです。

でも、「太った」と言って嘆くのは、もはや女性のしぐさの一つですね。見た目には男女どちらだかわからない赤ちゃんのうちから、しぐさで「ああやっぱり女の子だな」「お、男の子だね」ってわかるじゃないですか。あれと同じDNAレベルのしぐさなんだと思う。うちの娘も毎日鏡を見て「ああ、また太った！」「なんでこんなにケツがでかくなんねん」と飽きもせず一喜一憂していますが、男親の俺からすると「いったい昨日のお前と何が違うん？」ですよ。

世の女性というのは、「太った」と言ってダイエットサプリや美容グッズを買いまくり、それでいておやつの饅頭《まんじゅう》やケーキを食べるのは忘れない不思議な生き物。断食道場にも行ったことがない人がほとんどです。長年、そういう女性の行動を見てきて、結局「太った」というのは、女の人が買い物をしたい時の枕詞なんじゃないか、という結論に至りました。そういう「しぐさ」や「まくら言葉」を否定はしないし、俺からすると、とても女性らしくて可愛いと思います。

そもそも、あなたくらいの年齢の女性で細い人というのは、太れない体質の人だけで、大概の女性は太ります。きっとあなたのおばあちゃんとかひいおばあちゃん、ご先祖さまたちと、あなたは今そっくりになってきているんです。先祖からの流れに連なる喜びといったら何物にも代えがたいと思うんですが、いかがでしょうか。

結論としてあなたはそのままでいいんですよ。「また太った」「痩せたい！」と大騒ぎしながら、日本経済を回してください。

Q

夫に「太ってるから暑いんだ」と言われました

50歳・看護師

旦那に「ぶよぶよ太っているから暑いんだ」と言われてショックです。旦那は職人で、暑さにも耐えられて扇風機もクーラーも必要としないくらいです。

A

この相談は、のろけです。

いいと思うけど、ふくよかなの。

ぶよぶよ太っている私から言わせてもらいますと、まあ旦那さんのおっしゃる通りですね。(笑)

旦那さんは職人ということだから、きっと腕に血管が浮いているような細マッチョな体型で、毎日はつらつと働いていらっしゃるのでしょう。ぶよぶよ太るようなお仕事ではないのだとお見受けします。

一方、奥さんは看護師さんなんですね。私見ですが、入院経験の多い私から言わせますと、ちょっとふくよかな看護師さんって、細い看護師さんより包容力と安心感があるんですよね。おふくろ感があるというか、こちらも安心して弱音を吐けるし甘えに行ける。

きっと旦那さんも、そんなあなたが好きだから一緒にいるんだと思います。細い旦那さ

BOAT
RACE
戸田
WON'T
WAIT
FOR
FATE

んで、好きなのはちょっと太った女性というパターンって実は結構多いんですよ。もし自分がお二人の息子だったら、この相談を読んで「のろけかよ、いい歳しやがって」と呆れると思う。そのくらい、行間から仲の良さが伝わってきます。どうかこれからも夫婦仲良く、憎まれ口たたき合って末永くお幸せに！

Q 簡単なダイエット方法が知りたい

50歳・会社員

酒井さんといえば、ダイエット。50歳にもなると、全くと言っていいほど痩せにくいです。簡単に痩せられる技があったら教えてほしいな。

A

ありません

即答します。

あ・り・ま・せ・ん!!

俺がダイエットをする時は、ただ食べないだけ。食べなきゃ確実に痩せます。簡単な法則で、誰でも知っている。

その原則がわかっているはずなのに食欲が落ちないのはあなたが幸せだからです。ショックなことがあれば食欲なんて吹っ飛んでしまうんだから。「食事もノドを通らない」というアレです。

だから、本気であなたが痩せたいと思っているなら、大病するとか、思い切って離婚するとか……。何かショックなことを無理やり起こすしかないでしょう。

つまり、あなたが痩せられないのは、あなたが今、幸せな証拠です。じゃあそのままでいいじゃないか。以上。

Q コロナ太りで喪服がキツいです

50歳・パート

コロナの影響で一か月仕事が休みになったのと膝の痛みで運動ができなかったのが重なり、見事なコロナ太りになってしまいました。痩せたい、というのは無理としても、困ったことがあります。

先日、父の葬儀で喪服を着たところ、かなりサイズがギリギリな状態でした。新たに大きめの喪服を買うか悩んでいます。喪服はあらかじめ用意しておくものではない、と何かで読んだ記憶もあります。良いお答えをお願いします。

A

いっそ、周りを太らせろ！

これは簡単だよ。カネで解決できる。

買いましょう、喪服を。それも大きいサイズの喪服を買ってください。大きければ大きいほどいい。そうすれば、まだまだ食うことができます。（笑）

そのうえで、周りの人も一緒に太らせれば、相対的なバランスであなたは太って見えなくなります。万事解決、問題なし！

喪服を事前に用意しておくのは縁起が悪い、という「迷信」も気にすることはありません。だって、あなたのお父さんが先日亡くなったということは、これから親戚の中のお父さん世代の方がどんどん亡くなっていくということです。喪服はこれからのあなたに最も必要な服なのです。そして、あなたが喪服を用意したから人が亡くなるのではなく、それは人間という寿命のある生き物の当たり前のサイクルなのです。

ですから、ちょっと奮発してできるだけサイズの大きい喪服を用意しておくというのが解決策です。そして、これからも思う存分食えばいいんです。

Q 老化を阻止したいです

73歳

コロナのせいで、純烈に再会できるまでまだ時間がかかりそうです。次に会う時におばあちゃんになっていて皆さんに嫌われると嫌なので、老化を阻止する方法があったら教えてください。

A

あなたが年相応の中身を持っていることのほうが大事です

一番大切なのは、心の若さでしょう。心が若くないと、表面に出てきません。あとは……眼の輝きかな。黒柳徹子さんみたいに、何にでも興味を持つ人は、自然と眼が輝いていて若々しいじゃないですか。あるいは外見の若さを追求したいなら、吉永小百合さんがやっていることを全てやれば、たぶん何パーセントかは吉永小百合さんになれると思います。毎日水泳をしてみるとかね。

でも、ちょっと待って。

そうやって外見にこだわることより、むしろあなたが本当に73歳という年齢に値する中身を持っている大人なのかということのほうが大事だと俺は思います。

成人式を迎えた子どもによく「もう二十歳の大人なんだから」と説教をするけれど、同じ事が73歳の大人についても言えると思う。あなたが、73歳として持ち得るはずのものを、しっかり身につけている73歳なのか。実は50歳くらいの知恵しかないヒトになっちゃってるんじゃないか。今、問われているのはそういうことです。

どうですか？

シワが少ないだけの美魔女なんかを目指すより、脳にちゃんとシワがある年相応の知恵をもったカッコイイ73歳を目指してください。「嫌われるのイヤ」というくらいの元気があるあなたなら、きっと出来ます。お会いできることを楽しみにしてます！

Q

純烈に会えていた頃の若さや元気を取り戻したい！

76歳・ニート

純烈に会えた時は、一回逢うと三日若返った気がしていたのに、この頃は毎日年を取っている気がします。そのうえ、コロナで太りました。あの頃の元気を取り戻すにはどうしたらいいでしょうか。

A

その幻想を楽しみに、会いにきてください

それは、ただの幻。幸せな勘違いです（笑）。あなたは、あの頃も日々年をとっていたし、日々太っていた——のかもしれない。なんの根拠もありませんが。（笑）

僕が言いたいのは、純烈に会えた時は若返った気がしていたのだということ。だから、また純烈に会いに来てくれれば、素敵な勘違いが始まります。ぜひ遊びに来てください。

心からお待ちしています。

第五章

母とか、子どもとか、家族とか

Q

両親の介護に協力しない姉妹にモヤモヤします

52歳・主婦

数年にわたり、両親の介護をしています。姉と妹は、まったく協力してくれません。姉は「私だって高齢だ」と話も聞いてくれず、義兄からは暴言を吐かれる始末。そのうえ電話番号を変えられて連絡がとれなくなりました。そして妹は「夫と二人きりの生活を邪魔しないで！」と逆ギレ。

「夫や息子に協力してもらいながら、私が両親を介護していこう」と決めたのですが、姉と妹に裏切られた事への怒りが収まらず、スッキリしません。このモヤモヤを吹き飛ばしてください。

A

正直者はバカを見ないです

◉まずはボンクラ姉妹との関係をきっちりと

ボンクラなご姉妹をお持ちのあなた。このボンクラども以上にボンクラだったら、さぞラクだったことでしょうね。でも真面目な話、ラクばっかりしているとズルくもなるし、心も顔も歪《ゆが》んでますますボンクラになってしまうのよ。

だから、まずご両親の介護云々の前にこのボンクラ姉妹との関係をキッチリしないと、あなたのこれからがちょっと危ない気がする。だって、この人たち、あなたの良心を利用しているんだもの。

正直者が馬鹿を見るってことが世の中にはたくさんありますよね。あなたもそういう気がしてモヤモヤしているんでしょう。でも、あなたが精いっぱいご両親の介護をしているのは馬鹿を見ることではありませんよ。力いっぱい、そう思います。

◉「馬鹿」にはお宝がいっぱい詰まっている

俺は、「馬鹿」が見たい。常々、馬鹿こそ素晴らしいと思っているから。馬鹿には、自分が気付いていない自分自身とか、「お宝」がいっぱい詰まっているんですよ。傍《はた》からは損をしているように見えるかもしれないけれど、人の生死に関わるというのは人生の醍醐味です。ボンクラたちは、そういう「馬鹿の値打ち」に気付いていないからボンクラなのよ。

残念ですが、ボンクラには希望を持たないことです。軽い荷物すら持たせない。もう関わったらダメなんです。この人たちは、念書を書こうが、署名捺印をしようが、約束を必ず破るから。妙な希望を持つと、財産丸ごとやられかねないぜ。高齢を理由に話を聞かない姉も、暴言を吐いて電話番号を変えた義兄も、夫との愛欲にまみれている妹も、ボンクラ超えてクソ野郎だ！　と俺は思うよ。

なにより、この年齢になったら性格は絶対に変わらない。姉妹だから、性格もやり口も、お互いに分かっていることでしょう。あなたの良心はボンクラを制しますから、心を鬼にして、突き放すなり、縁を切るなり、どうするかお決めになるといい。

ご両親への感謝の気持ちや素敵な思い出を大切に。亡くなってしまったら二度とご両親には会えなくなるわけですから。きょうだいなんて、大人になれば姉も妹もないし序列も変わります。だから、これから先は、モヤモヤした気持ちを吹き飛ばし「私は私」と毅然とした生き方を貫いていただきたいです。

Q 母の延命治療を拒否してしまいました

64歳・パート

末期の胃がんだった母。担当医から「延命治療をすると肋骨が折れる。たとえ手術をしても一か月で亡くなる人がいる」と告げられました。73歳の母にもうこれ以上痛い思いはさせたくないと、私ひとりで「延命治療も手術も受けない」と決断しました。知的障害を持つ姉には相談できないし、親族に言っても面倒になるだけと思ったからです。けれど「本当にこれでよかったのかな?」と、母の死後十数年経っても答えが出ません。

A

大丈夫。あなたは間違ってない

◉お母さんは眠りながらあなたに委ねていたんだよ

あなた以外の誰もが「これでよかった」と言うと思うし、本当にその言葉通り、これでよかったんですよ。現実に、あなたのやったことにまったく不備はありません。あなたは間違っていないです。でも、これからもずっと自問自答は繰り返されるんじゃないかな。

僕には妹と弟がいて、弟には自閉症という知的障害があります。妹はしっかり者なので、あなたと違って何かあった場合に相談する相手はいるけれど、弟には相談できない。だから、もし母に何かあったときに決める立場にあるのは長男である自分だろうなと思っている。うちの長男にも、俺に何かあって、俺の母や妹、奥さんがいなかったら「お前がいろいろなことを決断する立場なんだよ」と、小学生の頃から言いきかせてきたよ。

なんというか、お母さんは病床にあって、半分眠りながらすべてをあなたに委ねていたと思う。

だから、もしお母さんが延命治療を希望していたとしたら、あなたはそれに気づいたはずなんだよ。でも実際「どうしたいか」についてはその時、お母さん本人に聞いてみても、わからなかったんじゃないかな。あなたにしてみれば「そうするしかない」という考え抜いた末の決断だし、その決断に対しては、当のお母さんですら何も言えないし、何も言わないと俺は思うよ。

◉あなたに忘れてほしくなかったんだ

それでも「十数年たっても答えが出ない」というあなたの悩みを聞くと、お母さんはあなたに自分の存在を忘れてほしくなかったんだろうな、とか思っちゃうんだよね。そういう亡くなり方をしたことでずっとあなたの心に住み続けることができるっていうか。その自問自答は悪いことじゃないし、意味があるんだよ。お母さんを思い出す機会を作ってくれていると思えばいい。

僕も、亡くなった親父に対して何もできなかった、という心残りがずっとある。「言葉足らずのメロディ」という親父が亡くなった後に作った曲を、いろいろなステージで「本当に何もできなかったな、俺」と毎回思いながら歌っています。

Q

親の死が怖いです。助けてください

49歳・会社員

昨年までは親子で純烈のコンサートに行っていたのですが、母が乳がんになってしまい、全摘出手術を受けました。親の死に直面して、すごく怖くて動揺しています。両親にはいつまでも元気でいてほしいのですが……。また親子でコンサートやディナーショーに行きたいし、元気な母親をいつまでも見ていたい。リーダー、私を助けてください。

A

怯えて過ごすより思い出を作ろうよ

◉思い切り甘えていいよ

うちの祖父はヘビースモーカーで肺がんと診断されたんだけれど、何回も病を乗り越え、もうすぐ90歳を迎えます。一方、俺の父は、退職後、ある日突然、心筋梗塞を起こして家の前で倒れ、あっという間に亡くなってしまいました。人の命ってそういうもので、誰がいつどうなるかわからないんだよね。

あなたも49歳だろ。ちょうどそういう年まわりだから、そろそろ覚悟を決めるしかないな。親が死ぬことが怖いという気持ちはわかるけれど、そんなことで怯《おび》えて過ごすより、思い出をどんどん作ったほうがいい。刻々と別れは迫っているんだぜ。これまで通り一緒に出かけるとか、いっぱい話をするとかね。甘えるのもいいよ。親に甘えられるのは生きてる間だけだから。思い切り、甘えに甘えていいんじゃないかな。

◉逆算して心の準備を。いざという時に何もできないほうが情けない

俺は初孫だったから、大阪の祖母のところに夏休みや正月によく遊びに行った。そうすると親戚がぶわーっと集まって宴会になる。そこで俺は沢田研二さんの「勝手にしやがれ」とか歌って帽子を投げていたの。「すげーな」と大いにウケて、500円とか千円のおひねりをもらっていた。小学生の時からプチ純烈をやっていたんだよ。あの頃、あの身内のタニマチたちが「真面目な一族に一人くらいこんなのがいてもいいか」と言って喜んでくれたのが、自分の芸能活動の原体験としてあるんです。そこにいた人たち、もう半分以上いないね。でも、そういう思い出は残っている。

自分は今、45歳だけれど、最近はこれからの人生で何が起きるか考えて、そこから逆算して物心両面での準備を始めているね。この先、だいたいこのくらいの年になった頃に母親が亡くなるだろうから葬式代が必要とか、そういう準備をしてる。嫌だけどさ、いざという時に何もできないことのほうが情けないよ。

◉父の背中は「年老いた象」だった

俺の父親は突然亡くなったけど、不思議なもので俺は父親の死を予感していたんですよ。父親が40年間勤めあげた会社から引退したあと、うちの子どもも一緒にスーパー銭湯に行った。その時、「先に出るわ」と言って浴槽からジャバーンとあがった親父の背中が、痩せた象とかキリン、年老いた野生動物みたいだったの。あんなに恰幅《かっぷく》がよかった人がすっかり痩せて萎《しぼ》んでいた。仕事一筋だった人だから、引退して燃え尽きたような状態だったんだと思う。今の俺から純烈をとったようなもんですよ。「あ、これは親父、長くないな」と直感で思った。一緒に住んでる妹は「何言ってんの、お父さんめちゃくちゃ元気やねん」とか言ってたけれど、あの背中は、戦い終えた戦士のものだった。そして本当にそれから2、3年で亡くなってしまいました。

◉親より先に逝くな

紅白出場を親父に見てもらえなかったのは心残りだけど、俺のスイッチはそこで入ったの。『読売新聞』に父親のお悔やみ記事と純烈のディナーショーの広告が偶然並んで載ったのにも運命的なものを感じたよ。

あれが２０１５年。メンバーにも「ここからホップ・ステップ・ジャンプでジャンプの年に紅白に出ます」と宣言して、本当に２０１８年に紅白に初出場したの。そういうこともあるんですよ。

２０２１年2月に発売した純烈の「君がそばにいるから」のカップリング曲には、いろいろな人との別れが迫ってきているという、今の自分の心情をそのまま書きました。タイトルは「僕に残された時間はどのくらいあるだろう」。あなたにもぜひ聞いてほしいです。

そして、今のあなたにとって一番大切なのは、親より先に逝かないこと。だから自分自身の健康状態も定期的にチェックするよう心掛けてください。

Q

面会すらできない入院中の母に何をしてあげられるでしょうか？

55歳・会社員

84歳の母が脳梗塞になり、入院中です。体のマヒも残り、体調がすぐれません。コロナの影響で面会も禁止されています。そんな状態で、これからどんな親孝行ができるでしょうか？　親孝行とはどんなことと思いますか？

A

全力で気晴らししてください。それが最大の親孝行です

入院中の親に面会もできないというのはショックだし、コロナ前の世界では考えられな

かった種類のストレスが、入院する側にも家族にもかかる状態ですよね。手を握ってあげるどころか、顔を見ることすらできない。病院ではお医者さんも看護師さんもコロナ対応で、今までと全く違う緊張感に包まれている。世界中であなたと同じような心の痛みを感じている人がいっぱいいいると思う。

一番大事なのは、あなたが病まないことです。精神的にも体力的にも追い詰められてつらいだろうけれど、その気持ちを紛らわす方法をなんとかして見つけてください。ほっと一息つける場所に気晴らしに行くのもいいし、すべてを忘れて没頭できるような本を読んだり、映画を見たりするのもいい。音楽が好きなら音楽を聴くのもいいと思う。我々純烈も歌ったり踊ったり馬鹿話をしたりして人を楽しませるのがお仕事で、コロナ禍での皆さんの「心のコリ」をちょっとでもほぐしたいと思っている。我々を利用していただくのも、もちろんアリ、です。

一歩間違えば一直線に病んでしまう崖っぷちに、あなたは今立っていることを、まず自覚してほしい。そして全力で気を紛らわせてほしい。あなたの現状維持がどれほど素晴らしいことか。あなたが病まないことが、今、あなたができる最大の親孝行です。

Q 母の認知症が進行、在宅介護か施設入所か、決心がつきません

58歳・会社員

介護のケアマネジャーをしています。日々、介護が必要な方のために奔走していて、気が付いたら同居している母の認知症が悪化し、徘徊するようになっていました。在宅介護をしようとも思いましたが、仕事を辞めて介護に専念すると、生活が成り立ちません。かといって母の徘徊をそのままにしておけません。施設入所も考えたのですが、決心がつきません。

私自身、二度のがんを克服したものの今は肝臓の病気になり、難病指定を受けてしまいました。母と私の二人にとって在宅介護と施設入所、どちらがベストだと思われますか。

A

ゆるーく。二本立てで考えよう

◉「医者の不養生」に気を付けて。ベストの距離感を探そう！

二本立てで考えて、ゆるくシフトしていきましょう。

あなた自身、二度もがんを克服されていて、お母さんの徘徊が止まらないという大変な状況の中でも、私にこうしてお手紙を書いてくれるパワーとエネルギーのある方です。でも、お手紙をよく読むと、限界がそろそろ近いようにも感じられて心配です。

なので、今の在宅介護を続けながら、施設を探したり、書類を作成したり、という施設入所に向かう作業をそろそろスタートさせてください。そのうえで、条件の合う施設に空きが出たり、自分が「もうどうにもこうにも無理だ」と感じたりしたタイミングですぐに施設入所に切り替えられるように、準備をしていってほしい。

◉きっと「答え」はわかっているよね？

最後まで親子としての距離感を大事にするためにも、お互いにとってのベストなポジションを探しましょう。そのための作業を進める段階に来ていると俺は思う。そこからまたお二人の新しい暮らしが生まれてくるんじゃないかな。

きっと、俺なんかに聞かなくても、この方は頭の中ではこの答えがわかっているんだよね。ケアマネジャーをやっているんだから。でも、「医者の不養生」「紺屋の白袴《しろばかま》」という言葉をお忘れなく。自分の親の介護問題で自分を追い詰めてしまわないように気を付けてほしい。

今すぐにどちらかに決めようと思い詰めず、ゆるーく進むのがポイントですよ。

Q

同居の実母の底意地が悪くなり、あたりがキツイです

48歳・会社員

障害者でおひとりさま、がん患者と三拍子そろった私。75歳の母と同居していますが、年々母の底意地が悪くなってきたような気がします。兄も弟も結婚していて、兄の子どもは全員アラサー。弟の子どもは双子の小学生です。父（78）は単身赴任なので、母と二人になると、私へのあたりが半端なくキツいです。私はフルタイムで働いていますが、母はお金の使い道まで追及してきます。そのせいか、会社のストレスチェックで、毎年抑うつ症と診断されています。

A

大切なのはお母さんとの距離と角度

◉家族のバランスは変わるもの

将棋崩しを思い浮かべてください。盤上に山になった将棋の駒を一つとるたびに、バランスが変わり、思わぬところが崩れたり、山が傾いてきたりします。

家族って、この将棋の山みたいなものです。今は皆が生きていて一定のバランスが保たれているけれど、いずれお父さんやお母さんが亡くなったり、誰かが引っ越したり、あるいはあなたが違う仕事についたりすることで駒が抜けて、山の形やバランスも変わっていきます。ずっと同じということはあり得ません。

さて、あなたはたぶんすごく強い人です。弱かったらとっくに家族から逃げ出しているもの。あるいは、逃げることを是としない人生哲学で生きてきた方なんでしょう。

将棋の駒で説明したように、家族の関係性は変わるものだから、もし耐えられるなら、自然の流れにまかせて取り巻く環境が変化していくのを待つというのも一案です。

だけど、ストレスチェックの結果を見る限り、あまりよい状態じゃないですよね。身体や心が、もっとバッドな方向にいってしまう可能性すら感じられる。その状況が心の底からイヤなら、自分で動いて状況を変えることをおすすめします。

一番変えなくてはいけないのは、あなたとお母さんの関係です。これから2、3年でお母さんを変えるというのは、実はあなたの決意一つでできることなんですよ。大切なのは「距離と角度」です。まず、お母さんとの距離をとる。家を出る、というほど極端な距離の取り方ではなく、一緒にいながらうまく距離を取る。間合いをとるんです。ひとつやってダメなら別の角度に移ってまた距離をとってみる。

◉家族はハーモニー。根気よく家族のカタチを変えましょう

相手との距離ひとつで、人って向き合い方が変わりますから。距離が近すぎると、この人の中でまたカンシャクが起きてしまう。するとお母さんがそれに反応して意地悪を言う。

悪循環です。お母さんが底意地が悪くなってきたというのは、負の呼応をしているから。家族というのはハーモニーだから、音を変えたいなら、根気よく家族のカタチを変えていくしかない。

親に「先に変われ」と言ってもそれは無理よ。あなたより何十年も長く今の形でやってきちゃっているんだから。まずあなたが先に変わることで、親を変える。そして、家族みんなの心が健やかな状態になるのが一番いいですよね。

48歳、親との付き合いはまだまだ先が長い。今はきついと思うけれど、頑張れ。

Q

顔を見るのも嫌な母を週に一回訪問。これでも親孝行なのでしょうか

58歳・公務員

「夢は紅白、親孝行」をスローガンにしている純烈の大ファンなのですが、私は母が大嫌いなのです。一人娘の私を支配下に置く78歳の母。私を束縛し、考えを否定する母の顔を見るのも嫌なのですが、母は独り暮らしなので、週に一度は母の家を訪問しています。「あと数年我慢すれば……」とも思いますが、頭も身体もなかなか丈夫です。毎週毎週、引きつった笑顔で会いに行く苦行……。これも親孝行と呼べるのでしょうか。

A

「トムとジェリー」みたいなお二人は、はたから見ればいい親子です

◉紅白で親孝行したのは白川さんです

立派な親孝行です。

大嫌いと言いながら、週に一度は会いに行っているんでしょ？　はたから見れば、いい娘さんだし、あなた方はいい親子ですよ。

俺なんて、ずーーっとやりたい放題の迷惑息子ですから。紅白で親孝行したのは白川さんで、あの言葉は俺が白川さんのために作った言葉。「夢は紅白、親不孝」が俺のスタイルですよ。よく言えば、親に迷惑をかけることで、親の元気を引き出しているようなもんです。母親と憎まれ口たたき合って安否確認をするという関係は幼い時から変わらないし、電話口でも「なんでくたばってねえんだよ、ババア」「はあ？　お前まだ生きてんのか」

みたいに日々、罵倒しあっています。死んだ親父が自分の弟（俺にとっては叔父）に「一圭みたいなのが親戚におったらめちゃくちゃ面白いと思うけど、自分の家族だと、めちゃくちゃしんどいで」とボヤいていたそうですが、たぶんその通りだと思います。（笑）

◉大嫌いも好きも紙一重です

あなたは「あと数年我慢すれば……」と苦悩をにじませながらも「頭も身体もかなり丈夫」と正確に健康状態まで把握している。大嫌いも大好きも、紙一重です。お母さんが死んじゃった時に「本当は大好きだった」と気付くパターンかもしれませんよ。

本当にどうしても嫌だと思っているとしても、これまで我慢してきたじゃん。あとちょっとこらえて死んだら好き勝手すればいい。長生きしそうなら差し入れのメシの塩分多めにするとかしてさ（冗談ですよっ！）。

傍目にはお互いの存在がエネルギーになっている素晴らしい親子に見えますよ。ドツキ合いながらも実は仲良し「トムとジェリー」みたいな今までの関係を続けていってほしいです。

Q

嫁を毛嫌いする母をどうしたらいいでしょうか

60歳・介護士

50代半ばの息子を、たぶん一方的に溺愛《できあい》する90歳を超えた母は、お嫁ちゃんのことを「あれは定年離婚を望んでいるに違いない」など、息子のほうが惚《ほ》れちゃっている事実を認めず、毛嫌いしています。

母に優しくしてやりたいけれど、聞き苦しい悪口を重ねるので毎回喧嘩別れになってしまいます。対処方法を伝授してください。

A
愛はグーチョキパー。三角形に愛が循環

◉女には独特の女のルールと距離感があるなあ……と

これ、そもそも質問者は誰なのかな？　お嫁ちゃん本人？　それとも「息子」のお姉さんなのかな。

もし嫁本人なら、もうこれは仕方がないな。やり過ごすしかないよ。あなたが魅力的で、息子をお母さんから奪っちゃったんだから。お母さんは寂しいんだよ。こういう愛情を注いだものをかっさらっていった相手のことを毛嫌いする感情というのは、持っちゃう人は持っちゃうんだよね。それ自体は仕方ないことだし、その人の母性の強さにもよる。

うちも息子が三人いるから、うちの奥さんが将来息子の嫁にそういう反応を示したら面白いな、とはこの相談を読んで思いました。老後の俺ら二人が「お前、お嫁ちゃんにそん

なこと言うの、やめろよ」「いや、あの嫁は気にいらんわな」とか言い合うのかな、と思うとちょっと楽しくなります。（笑）

女が女のことをどう思うかは、ホントのところ女の人にしかわからないじゃない？　友達同士で「あいつのああいうところ我慢できない！」とか陰口叩きながら、それでも友達だったりする。すごい勢いで喧嘩して一週間口をきかなくても、突然仲直りしているとか。女には女のルール、相手との独特の距離感みたいなものがたぶんあるんだよね。

◉だから90超のお母さんは元気なんだ

ガチで板挟みになって50半ばの息子が悩んでいるなら問題だけど、90超えのお母さんもお嫁ちゃんも、お互い距離感がわかりながら毎回喧嘩しているみたいだから、そのままほっとけばいいんじゃない？

何より、90超えが衰えないというのが長寿社会ニッポンならではですよ。衰えてきたらこんなバトル自体発生しないんだけど、むしろ今はこの嫁の存在によって元気になっちゃっている部分すらある。

50半ばの息子がお嫁ちゃんを愛する限り、90超えの母親が生きている限り、残念ながら対処方法はありません。歌のタイトル風に言うなら、「愛はグーチョキパー」(笑)。グーチョキパーの三角形が固まったまま3人の間で愛が循環しているから、下手に触らず固まったままいくことが、平和を保つ唯一の方法です。

Q

娘は「スタイリストの卵」。悩む娘にどう手を差し伸べるべきでしょうか

57歳・パート

夢を叶えようと田舎から東京に出て行った娘についての相談です。娘はファッション系の専門学校を卒業して、スタイリストの会社で契約社員として働いています。仕事を頑張っているものと思っていましたが、先日、会社から電話があり、娘が一か月も出勤してお

らず「体調が悪くて電車に乗れない」と話したと聞き驚きました。私に言ってこないことから、親に心配をかけまいとする娘の意地も感じます。

以前、娘は「地獄を経験して這い上がらないと一人前になれない」と言っていました。芸能界のことは何もわかりません。引きこもり状態になりつつある娘に対して親として何をすべきでしょうか。

A どちらに転んでも幸せです

◉「これが限界」と感じたら、タオルを投げてあげよう

常識的には、娘さんはただちに実家に戻るべきだと思います。が、見守る家族の負担は増えますし、さまざまな思いもあるでしょう。

私が今回の相談で実は一安心しちゃったのは、「親に心配をかけまいとする意地も感じます」というこの一文。この家族のつながりがあれば大丈夫です。タオルはセコンドにいるお母さんがちゃんと握っておられます。娘さんには思う存分闘ってもらって、「これがもう限界だな」と感じたら試合終了のタオルを投げてあげればいい。どこでタオルを投げるか。それを見極めるのが親の役目です。

◉私にはお客さんのペンライトがタオルに見えます

私の場合、お母さんの立ち位置にいてくれるのは純烈を見に来てくれるお客さんたち。僕らの仕事は演出家やクライアント、そしてお客さんに受け入れてもらえなければ、最初の一歩も踏み出せません。だから独りよがりに自分のやりたいことを追求するのではなく、まずは丸腰で現場に行き、求められたことを全力でやるようになりました。

だからこそ、みんなが振ってくれるペンライトがタオルに見えるんです。いつかある日、お客さんという名のセコンドがタオルをステージに投げたら、もうやめろっていう合図、潮時なんだな、というくらいには腹を決めてます。

もう一人、私にとって長きにわたってセコンドの立場にいるのは、母。私は7歳で児童劇団に入り仕事を始めたんだけど、五つ下の弟が障がいを持って生まれてきたから母はそちらで手いっぱいで、僕のオーディションに付いてこられなかった。周りが親子でやってくる中、僕はポケット地図を見ながらひとりでオーディション会場に行っていたんです。たぶん母は弟が心配なのと同じくらい俺のことも心配だったと思うのね。テレビはよく見てああでもない、こうでもないと言ってくれた。

そんな母は今も私がテレビに出るたびオンエアをチェックして「なんでお前だけ太ってるんだ」「リーダーとか言って偉そうにしてるけど、お前が一番足手まといだ」と厳しいご意見を投げつけてきます。紅白に出ても「おめでとう」なんて絶対に言わないよ。出て当たり前。「これだけの人を巻き込んで、ファンをだまくらかして、紅白に出なかったらあんた、もう日本で生きていけないよ」と恫喝《どうかつ》してくる。（笑）

でも、ずっと僕を見続けてきている母の見守りというのを、僕はなんだかんだと参考にしているから、もしある日、母が「おまえ、才能ないからやめろ、無理やで」と言い出したら、俺、やめると思う。

◉生き残れるのはひとつまみ

さて、娘さんがスタイリストとして独り立ちできるかどうかは、本人の意志、体調、モノになるための戦略が大切な要素となります。娘さんはモノにならない可能性も高いです。これは誰に対しても私が申し上げることです。この世界は、表も裏も「そこまでやる必要がある人間」だけが、否《いや》が応でも地獄も天国も味わうことになり、生き残る世界。一握りどころか「ひとつまみ」です。

そして人の世ですから、人が人を引き上げるんですね。その事をどれだけ自身に深く浸透させることができるか。さまざまな経験から多様な気づきを得て、成長し、信頼を得続けることが何より肝心です。

また「独り立ちできるようになる」ということは、同時に「誰かを引き上げることができる」ということ。そうせねば独り立ちできたとは言えません。

人が人を創る。この難題に、厳しさにチャレンジしていることに、きっとまだ娘さんは無自覚です。でも、それでいい。それでも選ばれる人は選ばれるんですから、スタイリストの神様に。

大丈夫！　頑張る娘さん、頑張るお母さん、どちらに転んでも幸せでしょ！　さらなる幸運を祈っていますよ！

Q 子どもが手伝いをしません！

52歳・主婦

子どもが手伝いをしてくれません。どうしたらいいのですか。リーダーのところはどうですか？

A

ごめんなさい。俺も人間のクズでした

◉俺はウィキペディアに書いてあること以外、してこなかった

まず、最初に子どもさんに成り代わり、わたくし酒井から謝らせていただきます。本当に申し訳ございません。私もお宅の子どもさんとまったく同じでございました。この問題は一つには躾《しつけ》の問題。親が悪い部分もあるんだけれど、あとの半分はその子どもの個性なんだと思います。

結婚するまでの28年間、俺は何の手伝いもしない、足手まといの子どもでした。引きこもりの子どもは親に頼り切っているというけれど、そんなもんじゃなかった。俺は人間のクズでした。皆さん、ウィキペディアを見ると俺の経歴に「あばれはっちゃく」とか「ガオレンジャー」とか書いてあると思うんだけど、俺は28年間、ウィキに書いてあること以

外、何もしていないんです。仕事として、という意味だけじゃなく、家の手伝いすらしていないんです。お国の役にはもちろん、ご家庭の役にもご近所の役にも立っておりません。しかし、そんな過去を私は自分の自信に変えて純烈をやってきたんです。俺が何もしないでだらだらしている間に、世の中の同世代たちは10代から働いたり、大学に行ったりして頑張ってきたわけじゃないですか。その間、俺は寝ていたようなものなんで、もう睡眠時間は十分だし、体力気力ともに十分なんですよ。そこで、「ここから先は俺、働きますよ」という気持ちで純烈活動を始めたの。28年分のサボりを一気に解消させようとしているわけです。

◉どうしても……ならあなたが病気になってみてはいかがでしょうか

あなたのお子さんも俺と同じそういう因子を持っている可能性があるんです。ぐうたらしているドラ息子、ドラ娘であって、確かに今はダメな子どもなんでしょうけれど、彼ら彼女らが心の中で「私は私のタイミングでやりますから」と思っていて、いつの日か大化けする可能性も大いにあります。

酒井家の子ども？　うちはよく手伝うよ。俺がうるさいからね。自分はやらなかったくせにうるさいという、これまたクズ野郎なんだけど。小学校に入るまでの一番下っ端の子どもは玄関の靴を並べなくちゃいけない。それを卒業したら、風呂洗い。その次は洗い物だったんだけど食洗器が導入されたので、掃除機かけに変更になった。体が大きくなったら、布団の上げ下ろしや洗濯物干しをやる。

この方の場合も、このドラ息子（娘）の子どもの子ども、孫の代になったらものすごく手伝うようになるかもしれない。隔世遺伝というのもありますし。（笑）

どうしても今、手伝いをさせたかったら、あなたが「病気」にでもなってみたらどうでしょう。ドラ息子（娘）も家事をやるしかなくなるから。激変するとは思いますが……。

Q

結婚十年、涼平さん似の息子夫婦に子どもがいません

67歳・無職

純烈ファンのおばさんの一人です。我が息子37歳が小田井涼平さんに似ていて、体型もそっくりです。「似てるとよく言われるけれど、俺は純烈じゃなく『純潔』だ」と言って笑わせてくれます。

そんな息子は結婚10年目を迎えますが、子どもがいません。娘（長女）は2人の子どもに恵まれ、可愛く愛おしくてなりません。息子たちに「子どもは？」と聞いたことはなかったのですが、最近、もし息子にも子どもがいたら、と時折ふっと頭をよぎります。2人は仲良し夫婦なのですが……。

A
こればかりは授かりもの。 仲良し夫婦で十分です

そういう部分も含めて小田井さんと似ているよね。その小田井さんは先日、L・i・L・iCoさんとのネットメディアの取材で「子どもがいなくても、仲良く夫婦で」ってお話をされていました。

もちろん、我が子を育て、その我が子が結婚して孫を持つって、誰もが持つ夢だけれど、子どもっていうのは本当に「授かりもの」だと思います。僕は4人子どもがいて、将来は4人みんなの孫に囲まれて死にたい、と願っているけれど、こればっかりは子ども一人一人の縁とか環境とかに左右されるものだから、どうなるかはわからない。

お子さんが一人も結婚しなくて寂しいというわけでもなく、娘さんのところには可愛いお孫さんもいるんでしょ。気長に静かに待つのはありだけれど、息子夫婦をせっついてほしくはないよね。心の相性がすごくあっていても、たまたまできないというカップルもい

っぱいいる。今いるお孫さんたちを今まで通りかわいがって、もし息子のところにも孫ができたらいいね、くらいに軽い気持ちでいてあげてほしい。

子どもがいてもいなくても、奥さんと仲良しの、小田井さん似の息子さんがいるあなたは幸せ者ですよ。

第六章
皆様あっての純烈です!

Q

結成秘話を教えてください

50歳・会社員

純烈のファンになりたて50歳デビューで知らないことが多いです。４人になった理由はなんとなくわかるのですが、５人になった理由を酒井さんから聞きたいな、と思っています。あと、純烈の結成秘話も教えてください。

A

メンバーの悩み相談に乗っているうちにグループに

◉俺自身も相当悩んでいたんです

まず、純烈のメンバーが減った件について。追加質問は受け付けません。（笑）

それから結成秘話ね？　秘話というより、純烈という存在自体が、メンバーの悩み相談に乗っているうちにできたようなグループでして、まさにこの本にはふさわしい歴史なんだけど。（笑）

まず、俺自身も悩んでいた。骨折して悩んだ末に、純烈結成を思いついた、というのは別の質問に答えた通り。周囲にはイケメンブームに乗っかってヒーロー役でブレイクしたものの、その後鳴かず飛ばずで困っている役者がいっぱいいるのを見ていたから、その仲間を集めれば今までにない歌謡グループが作れるんじゃないかと思いついた。

最初に僕の頭に浮かんだのは、白川裕二郎と「救急戦隊ゴーゴーファイブ」でゴーレッドだった西岡竜一朗くんだった。一緒にカラオケに行った時の竜ちゃんの声が印象的で、バツグンの安定感、存在感があったんです。でも竜ちゃんは役者と並行してバイク屋を経営していてそちらを優先したいということで、純烈入りは流れた。

◉量産されるイケメンの海に溺れそうになっていて

そこで、裕二郎をメインボーカルにしようと考えました。裕二郎も「忍風戦隊ハリケンジャー」の兄者ことカブトライジャー・霞一甲役で人気を獲得したものの、その後、役者として頭一つ抜き出ることができず悩んでいた。それを聞いていたから「歌をやらないか」と誘ったんですよ。「もうレコード会社もデビュー曲も決まっているから2、3年で紅白に出て親孝行できるぞ」って殺し文句で。全部ハッタリ、出まかせでしたが（笑）、「親孝行」というワードに弱い裕二郎さんの加入はすぐに決まりました。

もっとも当時の裕二郎の歌は、妖艶さとか肉体美のほうが前に出ていて、美しさが歌を邪魔しているようなところがあった。本人もリードボーカルになることには尻込みしていたから、「大丈夫、俺も隣で歌うから」と口説いた。だから、デビュー曲はＥＸＩＬＥさんみたいにツインボーカルで歌っていて、裕二郎とバランスを取るために俺も痩せていたんだよね。

小田井さんも「仮面ライダー龍騎」で、ゾルダに変身する北岡秀一役で人気を博したものの、毎年ヒーロー番組から量産されてくるイケメンの海に沈んで、溺《おぼ》れそうになっていた。そこに付け込んで（笑）「歌をやったら俳優業のオファーも来るぜ」というのが殺し文句でした。小田井さんはあの頃、歌はほとんど経験がなくて歌唱力は未知数だったけれど、人並外れた高身長は際立っていて、あの人が入ればグループに品が出ると確信していたんだ。それに、中身が大阪のダジャレ好きオジサンということが全く世間には知られていなかったから、これも純烈が全国区になった時には生きるというカンも働いた。実際、キャバレーが主戦場だった時代、小田井さんは「ブロードウェイ中野」というオネエキャラを演じ切り、酔客とのトラブルを未然にかわしてくれました。

ちなみに、もし竜ちゃんがリードボーカルだったら、小田井さんの加入はなかったね。白川ボーカルが決まったことで、レコード会社などの意向もあり、高身長で揃《そろ》えたいとなったのよ。

◉轢かれても死なない「強運」

後上の決定打は「運」です。酒井も白川も小田井も、仮面ライダーになったりスーパー戦隊になったりと俳優としてそれなりの運はある。ただ、大ブレイクするほどの強運ではなかった。だからグループを作るにあたっては「強運」が欲しかった。自分が子役から長く芸能界にいてすれている部分があるので、ピュアなルーキーを入れたいというのもあった。新しいチャレンジをするために自分も清々しい気持ちになりたかった。そんな時、車に轢《ひ》かれたけど死ななかった変な奴がいる、という触れ込みで引っかかってきたのが後上でした。後上はあの頃現役の大学生。不景気で就活に悩んでいたのを「純烈なら自分の力次第だから楽しいぞ」と釣り上げた。

こうしてメンバーを集めたものの、それからの3年間はデビューも決まらず、俺が当時バイトしていたトークライブハウス、新宿ロフトプラスワンを無料で使わせてもらってボイストレーニングをするのみ。やっと「涙の銀座線」でデビューが決まってからも、純烈としての年収は一人2万円という下積み時代が続いたんですよ。ようやく薄日が差してきたのはデビューから10年ほどたってからですよ。

で、2018年に悲願の紅白初出場を果たして今に至る、というのが駆け足でお伝えする純烈の歴史です。ここから先の歴史は、ぜひご一緒に。

Q うちの夫を純烈に入れたいです

36歳・専業主婦

純烈のメンバー募集についてです。私の旦那は、歌唱力はそこまでずば抜けてある、というわけではありませんが、対マダムの接客力はかなり上手だと思います。今45歳で、見た目はカッコいいです。地方に住んでいて芸能経験はゼロですが、人柄と見た目が良いの

純烈
東京お台場
大
温泉物語

で、もしかしたらチャンスがあるかも、と思ってしまいました。

かなり難しく厳しい関門かもしれませんが、よろしければ興味を持っていただけたら幸いです。ちなみに、私一人でぐるぐる考えているだけです。目を通していただき、ありがとうございました。

A

カッコいい人は要りません（笑）

◉純烈は、ダメ人間が力を合わせるグループです

こちらこそ、ご丁寧にありがとうございます。（笑）
純烈のメンバーに旦那を推薦ですか？　すごい時代になったなあ（笑）。実際、今も事務所にたくさんプロフィールが送られてくるんですよ。全部目は通してますから、履歴書を送っていただくというのはアリですよ。

ただ、お勧めしない。純烈はダメ人間が力を合わせる場です。この旦那、全然ダメじゃないもん。だってカッコイイんでしょ？　今欲しいのは、カッコ悪い人なんです。あと、45歳でしょ？　今募集中なのは、60代なんです。45だと俺とかぶっちゃうじゃん。30代だと後上とかぶるし、小田井さんは50代になったばかり。だから、20代か60代が欲しくなっちゃうんだよね。

◉求む！　60代、カッコ悪い人！

60代で、カッコ悪い人。「今まで何やってたの？」と聞いて「いや……何もやってきてないです……」みたいな人に「ふざけんじゃねえ、今から頑張れ！」といって純烈をやってもらいたいんだよなあ。いわばこれまで社会に適合できていなかったようなダメ人間がほしい（笑）。そういう意味でこの方はちょっと難しいかもしれませんね。だからもう、旦那はあなただけの純烈でいいじゃないですか。（笑）
好きなものを混ぜたがる人なのかな。旦那が純烈に入ったらいいのにな、って夢見ているあなたが、面白いし可愛いです。

Q

コンサートで人間マイクスタンドになりたい!

41歳・会社員

私の夢は、純烈ライブでリーダーの人間マイクスタンドになることです。チャンスはありますでしょうか?

A

2021年はチャンスが増えそうです

ありまず。必要なのは運です。

人間マイクスタンドって、文字通り、ファンの人をステージにあげて僕らのマイクスタンドになってもらう純烈ライブ独特のファンサービスなんだけど、事前に「今日は、人間マイクスタンドをやろう」と決めてるわけじゃないんですよ。その日の気分なんで、いつやるかは自分でもわかりません。

強いて言うなら、お客さんが常連のファンの人だけじゃなくて、純烈を初めて見る人が多い時とか、客席を回りきれなくてあそこにかわいいおばあちゃんがいるな、と思った時とかかな。でも、おばあちゃんをあげがちなのは小田井さんで、俺は禿《は》げたおじいさんを選ぶことが多い。「プロポーズ」を歌う時の振り付けでおじいちゃんの帽子をとったりして。（笑）

自分としては、ちょっと切ない気持ちがある時だな。「ああ、今日はもうこことお別れして新幹線に乗って次のところに行くんだな」って思った時に、「よし、思い出作ろう」と人間マイクスタンドをやることが多いです。

２０２１年は久々のライブで、そういう気持ちになることが増えそうです。チャンスですよ！

Q

酒井さんに認知されたい！

酒井さんに認知されたいんですけど、どうしたら認識してもらえますか。

15歳・学生

A

チョロいと思います（笑）

15歳か。あなたは「集団行動ができない」と送ってくれた体育委員の15歳だな。じゃあ、「集団行動ができない」ってプリントしたTシャツを着てきてください（笑）。ダメな奴という認知をさせていただきます。

真面目な話、いただいたファンレターは全部読んでいます。なので、あとは握手会とか撮影会に来ていただければ。純烈に認知されるのは、チョロいんじゃないでしょうか。

Q

コンサートに行けていない私でもファンと認めてもらえますか

52歳・主婦

純烈のファンになって2年くらいなのですが、純烈単独のコンサートにはまだ行けていません。２０１９年10月の「アイドルヒットだよ！全員集合」が初めて見た純烈出演のコンサートでした。もっとコンサートに行きたいのですが、現実は厳しいです。

こんな私ですが、ファンと認めてもらえるでしょうか。すごく心配です。

A

どんな形でも応援してくれる人はみんなファン

全然大丈夫ですよ。

どんな形であれ、純烈を応援してくれる人たちというのはファンですよ。ワイドショーなどで特集されているのを見て、たくさんＣＤを買わなくちゃいけない、とかそういうふうに思うかもしれないけれど、ＣＤを買わなくても、コンサートに来られなくても、純烈を応援してくださるというだけで、ありがたいファンなのです。

逆に言うと、どんなにお金を使ってくれても、ファン同士でいがみ合ったり、ネットに酷いことを書いたりする人のほうがファンじゃない。応援してくれるだけで、大歓迎です！

DON'T YOU CRY! 座談会

自分で作り出した枷に がんじがらめにならないで……

酒井一圭×小田井涼平×白川裕二郎×後上翔太

純烈は、お客さんとの触れ合いに元気をもらってきました

酒井　いやあ、純烈は山あり谷あり、波乱万丈なグループだけど、さすがに2020年初頭からのコロナ禍は想定外だったな。

後上　本当に。もともと自転車で言ったら、常に立ちこぎしながら必死にペダルを回してる集団じゃないですか、僕らって。でもコロナ禍になって、それが止まってしまった。

小田井　通常の流れで仕事ができたのは、20年の2月末くらいまでかな。その後、ス

テージが全部なくなって……。

白川　特に僕らは、お客さんと触れ合ったり、コミュニケーションをとったりしながらのステージ活動がメインだからね。それができなくなったのはキツかった。

後上　18年に初めて紅白歌合戦に出場できて、19年は「全国をまわってお礼の言葉をファンの皆さんに伝えよう」と張り切っていたら、年明け早々にいろいろあって「メンバー4人で再出発することになりました。これからも応援してください」と頭を下げながらまわることに。で、20年こそ「無事に2度目の紅白に出られました」とお礼が言えると思っていたら、今度はコロナですよ。３度目の出場を果たせた今年こそ、シンプルなお礼行脚をしたいよね。

小田井　ライブも引き続き感染者数を見ながらになるから、ちゃんと開催されるのか、それとも配信のように違う形になるのか、直前の状況に左右されそうだね。しかも直接会えたとしても、しばらくはリハビリに近い雰囲気になるような気がする。お客さんも僕らも、お互い久しぶりでしょ？　僕はライブはキャッチボールだと思っているから、ステージから客席の様子をうかがいながら、徐々に慣らしていく感じになるんじゃないかな。

白川　生配信のライブで1人だけご招待してのコンサートというのはあったけれど、たくさんのファンの皆さんの前で歌わせていただいたのは、20年の2月27日のライブが最後だったもんね。

酒井　もう遠い昔のことみたいに思えるよ。11月に『純烈わくわくセール２０２０』と銘打って、札幌・東京・大阪・博多で、僕らを模したフィギュアを挟んで撮影会をするイベントをやったじゃない？　ＣＤを買ってくれたお客さんに、密にならないよう数人ずつ入ってもらって。ああいうのも久しぶりだった。

白川　8か月、9か月ぶりに会った皆さんの、あのなんとも言えない嬉しそうな顔！　僕ももちゃくちゃ嬉しかった。もう自分が犬だったら、しっぽをブンブン振ってるだろうなっていうくらい（笑）。やっぱり直に会うとファンの皆さんの気持ちがダイレクトに伝わるから、こちらもテンションが上がるんだよね。

小田井　そうそう。直接会えるのはいいなあと、あらためて感じた。こんな状況下でも、「やっぱりエンターテインメントは必要だ」と思っていただければありがたいし、その対象が僕らであればなお嬉しい。

後上　僕らは、お客さんと握手して、近くで写真撮って、なんなら会話も普通にしてみたいな感じでやってきたグループ。「会いに行けるアイドル」どころじゃなく、触れるし、喋《しゃべ》れるし、ハグもできるという（笑）。でもコロナ禍では、それらすべてが〝濃厚接触〟になっちゃう。僕らもファンの皆さんと触れ合うことで元気をもらってきたから、今は本当に「コロナめ！（怒）」ですよ。

白川　歌を歌いながら握手して会場をまわる〝ラウンド〟を、お客さんと同じくらい僕らも楽しみにしていたからね。またできる日が来るといいなあと思いつつ、純烈のお客さんは年齢が高めの方が多いので、万一のことがあったらという懸念もある。よくお手紙で、「うちの母が、おばあちゃんが純烈さんのファンです。早く会いたいと言っています」とか「コロナに負けるな！」と力強い言葉をいただくけど、本当に一日も早く有効なワクチンができるのを祈るばかり。

ピンチはチャンス！

酒井　逆に、こういうタイミングだからこそできたこともあったね。たとえば、ＦＯＤ（フジテレビオンデマンド）で10月から配信されたドラマ『純烈ものがたり』は、これまでのように一年中旅をしていたらできなかった。ドラマも撮影会も、ぽっかり空いた時間をどうするか、どういうメッセージを発信していくか考えた結果だったんだよ。

後上　ドラマに関しては「これ、今の状況でなければできてないよね？」って、皆で言いながら撮影してたっけ。お盆休みに10日前後で一気に撮ったんだけど、お盆にそこまで時間が取れるなんて、ここ数年で初めてだったからね。あとは個人の活動も増えたなあ。僕もクイズをやらせてもらったり、マラソンを走ったり、ニュースを解説する番組でコメントしたり。どれもこういう状況にならなければ、スケジュール的に受けられない仕事ばかりだった。

白川　僕もこのタイミングを利用して、12月に左肩の腱板断裂の手術をさせてもらった。ずっと痛くて、踊っていても引っかかるような感じで肩が上がらなかったんだよ。

酒井　かなり前から悪かったもんね。

白川　そうなんですよ。去年の初め頃に完全に切れたのが分かったものの、病院もコロナ禍ですぐに手術というわけにいかなくて。思い切ってやれて、ホッとした。

酒井　白川は健康関連のバラエティー番組に出たときに、脳にも問題があると言われたからね。肩だけでなく、しばらくは体のメンテナンスに重点を置くべきだと思う。今後も、どうしたら心身にストレスをかけずに旅ができるか、自分と向き合いながら探っていかないと。でも、こうしたことに気づけたのも、コロナ禍で仕事が止まったからこそなんだよね。

白川　本当にそう。

小田井　あと、テレビとは違う何かを模索するじゃないけど、純烈もこの機会にYouTubeの更新を増やしたじゃない？　僕自身も他の人がやっているYouTubeを見たけど、「自分はこういうことができます」という、自己紹介的なツールとしてはアリなのかなと思った。影響力という点では、まだまだテレビのほうが強い気がするけどね。

酒井　特に僕らの場合、ファン層を考えると余計にね。

小田井　地方の中心街からちょっと離れた街に行くと実感する。おばあちゃんが僕らのことを知っていて、「何で見たの？」と聞くと、『うたコン』『NHKのど自慢』って言われるんだよ。特にご年配の方はNHKをよく観ていらっしゃるから、他にいろいろ出ていてもNHKの印象だけが残るんだね。僕らに関しては、テレビの力、なかでもNHKさんの力はすごいなあといつも思う。

コロナ禍で、まさかのご近所づきあいが始まって……

後上　コロナ禍で引き続きいろいろ大変だけど、僕としては、必要以上にコロナに振り回されるのも違うと思っているんだよね。たとえば「節電しろ！」と言われたら、暖房は2℃低めに、とか対応できるけど、そういうことじゃないでしょ？　もちろん、マスクや手洗い・うがいを心がけて密を避けるのは基本としても、「自粛します」って何もせずに家にいて、「コロナにはかからなかったけど結果的に失業しました」じゃあ意味がない。一番大事なのは幸せな人生を送ることであって、コロナにかからないことじゃないからね。

酒井　本当にそのとおり。経済を回さずにいると何が起こるのか。今の状況が鎮火したとき、社会に、自分にどんな影響が出るのか。それを考えたら「コロナ怖い」だけで家の中でじっとしているなんて、とても恐ろしくてできないよ。ちゃんと情報を得て、自分の頭で考えて動くことが求められるよね。そのためには1つのニュース番組、1人のコメンテーターの意見だけで判断しないことも重要だと思う。「〇〇さんはこう言っていたけど本当かな？」と、あらゆることを疑ってかかるくらいでちょうどいい。

小田井　僕はコロナをきっかけに、自分と向き合う時間が増えたな。あらためて、やりたいこと、チャレンジしたいことが見えてきたというか。純烈は今年、確実に忙しくなるのはスケジュールを見てわかっているし、グループ全体で「とことんやろう！」というのをテーマにしている部分もあるんだけど、仕事だけに流される一年にはしたくない。

白川　プライベートも大事にするということ？

小田井　そうそう。たとえば趣味が仕事につながることもあるし、意外と仕事以外から得ているものもあるなあって。仕事一辺倒ではなく、いろいろなところにアンテナを張って新しいことをインストールしていかないと、お客さんへのアプローチが常に同じ感じになりそうで。

白川　わかる気がする。

小田井　それと、僕はコロナによる自粛が始まるまで、隣近所の人たちとの交流はなかったんですよ。奥さんは結構お付き合いをしていたみたいなんだけどね。自粛期間で家にいるようになって、買い物にもそうそう行けない時期に、昔の砂糖や塩の貸し借りじゃないけど「余分に買ってきたので、よかったら」って差し入れをいただいてさ。それでこちらもお返しをしたりするうちに、徐々に僕もコミュニケーションをとるようになってきて。

後上　そういうのはいいね。

小田井　その時「ああ、ご近所づきあいもしておくもんだなあ」と思ったんだよね。いざという時に助け合えるし、何より有事の際に心強い。

酒井　いいよね。それこそ、この非常事態でなければ得られなかった縁だもんな。

小田井　本当にそう思うよ。

「自分の作り出した枷にはまらないで」と言いたいんです

酒井　僕はお悩み相談を担当していて思うんだけど、みんなもうちょっとバカになっていいと思う（笑）。難しく考えすぎて、自分が作り出した枷《かせ》にがんじがらめになっている気がするんだよ。それってすごくもったいない。そういう意味でコロナ禍の今なんか、自分の世界を作り直すのにぴったりのタイミングだと思うんだよね。たとえばコロナを言い訳にして、離れたい人と離れるとか。会いたくない人には「ちょっと体調が悪くて……。コロナかしら？」って言っておけば、無理に会わずに済むじゃない？

白川　最強のワードだ。（笑）

酒井　でしょ？　好きな人とは一緒にいる。嫌いな人とは距離を置く。これでいいんだよ。悩んでいる人は賢いから悩むの。こういう状況では、悩まずに本能に忠実なバカのほうが強いし、元気でいられる。シンプルに考えて、自分の人生を再編集する機会にあてるべきだと僕は思うけどね。

後上　僕は、悩んだり迷ったりしたら「とりあえず寝ちゃえ!」と思う（笑）。もしくは「とりあえず食べとけ!」。寝ている時や食べている時って、余計なこと考えないから。悩んでどうにかなることなら悩んだほうがいいけど、人生、どうにもならないことも起こるじゃないですか。そういう現実は受け入れてしまったほうがラクだもん。時にはあきらめることも大事。

酒井　うん、一理ある。

後上　なかには「そんなこと言われても……」という人もいるでしょう。だったらせめて心と体の健康を保つために寝てください、食べてください、と。少なくともその2つをやっておけば命はつなげますから。体だけでも元気にしておけば、気持ちは後からついてくると思うので。

小田井　ファンのみなさんのなかには、コロナ禍を経て、考え方や趣味嗜好が変わったという人もいると思うんですよね。もしかしたら生活が逼迫《ひっぱく》して、もうライブだなんて言ってる場合じゃないという人もいるかもしれない。僕らとしても無理に「来てください」とは言えないし、気持ちのなかで何らかの変化が起きた人もいるはず。それはもう仕方がない。願わくば、そういう人たちが一時休める場所、気持ちを緩められる場所が、新しく見つかっていればいいなあと思います。それが純烈でなくてもいいから。

白川 そうだね。あとは「会えなくて寂しい」「純烈はライブが楽しかったのに」という人も、たとえば純烈の過去のＤＶＤを観たり、写真を見返したりして、楽しかった時間を思い返してもらえると嬉しい。できるだけ楽しいことを考えて、次に会える時を待っていてほしい。

紙吹雪がスゴすぎて、何も見えなかった（笑）

酒井 何はともあれ、僕らにとって3度目の紅白歌合戦が無事に終わって良かった！　今回は史上初の無観客ということで、始まる前からワクワクしていたよ。純烈は、平成最後、令和最初、そしてコロナ禍と、時代の節目節目の紅白に出させていただいてきたグループ。僕自身、芸能界が好きすぎてずっとこの世界にいる人間なので、通常とは違う記念すべき日の一部始終を目に焼き付けようと、ひたすらキョロキョロしてた。

小田井　「コロナ禍だからこそ、この演出になりました」という特別感だよね。20年、30年後に「なぜこの年の紅白はこういう感じだったんだろう？」と不思議がられるだろうことを考えると、おいしい年に出場させてもらったなあと思います。

白川　僕は、純烈が単独でNHKホールでコンサートをやらせていただいた時を思い出してた。あの時は会場にたくさんのファンの方がいて、拍手や笑い声があったなあって……。正直、それがまったくないNHKホールは寂しかったな。でも、他のアーティストの皆さんやスタッフさんの熱量がものすごくて、「自分もその熱量に負けちゃダメだ！　無観客だからこそ、画面の向こうで観てくれているファンの皆さんに楽しんでもらおう」と思いながら歌っていました。

後上　無観客を感じさせないくらいの熱量を生み出そうとするスタッフさん、アーティストの皆さんに感動したよね。

小田井　演出、カメラワーク、CG、動線、道具の仕掛け、その他すべてのスタッフワークが、見やすさを追求した完璧なものだった。なにより演出の一部を視聴者にゆだねるという、飽きさせない演出に感動したなあ。

酒井　本当に。無観客が気にならなかった。紙吹雪が多すぎて前が見えなかったけど(笑)、お茶の間の皆さんに笑ってもらえたら最高です。——というわけで純烈のこれからですが、まず3月に名古屋の御園座にて、里見浩太朗さん主演の『水戸黄門～春に咲く花』に出演させていただきます。4月と5月は通常通り旅をして、ディナーショーやコンサートを。7月からは、明治座で初座長公演が決まっています。そして秋には、映画『スーパー戦闘　純烈ジャー』が公開に。この作品では後上が初めてヒーローに変身します。僕らも全力で頑張りますので、期待してお待ちください！

白川　この辛い状態がいつまでも続くわけじゃない。ファンの皆さんも「生きてさえいればいつかは会える」という気持ちで、どうか元気に過ごしてください。僕らといっぱい写真を撮って、いつも通り握手して、楽しく盛り上がれる日がきっと来ます！

小田井　先のことを考えると、不安なことはたくさんあると思います。僕も同じです。でも今回コロナ禍を経験して、やっぱり大切なのは人とのつながりだと再確認しました。皆さんも、身近な人たちとのコミュニケーションを大切にしてくださいね。

後上　２０２１年はできるだけファンの皆さんと直接会える機会を作っていくつもりなので、それまで皆さん元気でいてください。そして僕らが力をあげるので、皆さんも僕らに力をください。明るく、ポジティブにいきましょう〜！

（構成・上田恵子）

あとがき

オマエはアイツと付き合えばいいの。アレになりたいならアソコに行けばいいんじゃない。コイツとアイツを引き合わせたらいいかもしれないな。子どもの頃はそこらじゅうに首を突っ込んでたんだけど、こんなふうに数を重ねていった結果、精度や顧客満足度は右肩上がり、中学生あたりからは呼び出されてはマンツーマンで相談に乗るようになっていったっけ。

初めの頃は自分がどう思われてる？　好きなあの子は俺のことどう思ってる？　好き？　嫌い？　今で言えばエゴサーチ。クラスメイトの女子たちがやってた交換日記を盗み見した時に、こりゃコジらせてるわ。女子ってこんなに大変な生き物だったのかよ。しかもこの面倒臭さは生涯付き纏《まと》うんだろうなって妙な感銘を受けてしまった。

子役から芸能界でやってて、演じるって何か取っ掛かりみたいなもの見つけていく作業ってのがまずあって、相手のお芝居を受けたりスタッフの意図を汲んだりして、かなりの深度で自分の内面や周囲に想いを馳せたり想像したりすることが自然に身に付いちゃうんだけど、実生活でも人の反応や趣向にアンテナがオートマで動くようになっちゃって、ましてやガキならではの高感度な感性がビンビンなわけだから超高速で【汲み取り】が養われてしまった。

弟は自閉症だから上手く言葉や感情を伝えたりできない。さまざまなサインから【汲み取る】ということは生活必需品だった環境もあったのかもしれない。ま、能書き垂れましたが生まれながらの人好きというのが正解。そんなこんなで段々と周囲にも自分のキャラクターが広まって今や公私共に使われるようになっていったということなのかな。

純烈はムード歌謡や歌謡曲を歌ってるでしょ？　ダメ男に翻弄される女心が殆ど。「この女の人、おもしろいなぁ」と思いながら歌ってます、正直。敏いとうとハッピー&ブル

ーの『よせばいいのに』いつまでたってもダメなわたしねぇぇぇ〜♪

まさに、これぞ！　交換日記を盗み見した時に感じた、女性に対してのミステリー！

止めなさい！

逃げなさい！

離れろ！

言えば言うほど反発するもんねー、ボロボロになるまで離れない。女性ってめちゃくちゃ面白い。この人間の本能や走性、滑稽さに相当早い段階で気がついて病み付きになり、データを取り続けてきたのがこの私なんだと思います。人間版ファーブル昆虫記みたいな。学術的にまとめることも可能でしょうが、これは趣味なので。


ここまで長々とお付き合いくださいまして、ありがとうございました。スタッフが決めたふざけたタイトルですがわりと気に入ってます。『僕のお腹で、泣けばいい』。ちょうどお腹くらいの塩梅が自分らしいし、ええんちゃうかな？

最後に。大なり小なり母性とやらにあなたのこれまでの人生、これからの人生が占えると思うんです。産まれた瞬間から女性に搭載されている母性との関わり方、僕も異性として、同じ人間として、研究中です。混迷極める昨今です。どうかお達者で。また息抜きにお悩み相談においでください。お会いできる日を楽しみにしております。

酒井一圭

本書は『婦人公論』連載〈純烈・酒井一圭のお悩み相談室「脱衣所からこんにちは」〉（二〇二〇年七月二十八日号～二〇二一年四月十三日号）に大幅に加筆して座談会を加えました。

作品の収録にあたり、投稿者の許可を得ましたが、ご連絡先不明の方があり、やむなく無承諾のまま収録したものがございます。お心当たりの方は、中央公論新社ノンフィクション編集部（〒100-8055 東京都千代田区大手町1-7-1）までご連絡ください。

酒井一圭

1975年6月20日生まれ。大阪府出身。身長186cm。純烈のリーダー、コーラス。1985年『逆転あばれはっちゃく』でデビュー。2001年『百獣戦隊ガオレンジャー』に出演。2007年純烈を結成。10年メジャーデビューした。

純烈《じゅんれつ》　人生相談室《じんせいそうだんしつ》
僕《ぼく》のお腹《なか》で、泣《な》けばいい

2021年4月10日　初版発行

著　者　酒《さか》井《い》　一圭《かずよし》
発行者　松田陽三
発行所　中央公論新社
〒100-8152　東京都千代田区大手町1-7-1
電話　販売 03-5299-1730　編集 03-5299-1740
URL http://www.chuko.co.jp/

DTP　ハンズ・ミケ
印　刷　大日本印刷
製　本　小泉製本

Published by CHUOKORON-SHINSHA, INC.
Printed in Japan　ISBN978-4-12-005406-8 C0095